人　文　與　社　會

第一輯　目錄

體外孕殖之省思*

劉仲冬
人文及社會科學科教授兼主任

在別人都在討論基因的時候，似乎我的題目已經過時，但是為甚麼選擇這樣的題目？

㈠個人在 1997 撰寫「代理孕母:女性醫療社會學觀」的時候，發現除了捐卵、捐精，「人工生殖綱領」（1985）「人工生殖管理辦法」（1994）根本沒有提試管嬰兒技術（IVF）。但是如果捐卵必定要使用試管嬰兒技術。也就是說試管嬰兒技術在代理孕母的討論之前，已通過實行。問題是：這麼重大的事情怎麼會如此悄悄（至少沒有如代理孕母一般引起社會廣泛關注）立法通過？因此我想知道當時的法令是如何通過的？討論的過程及內容如何？如果沒有經過審慎討論，為甚麼？

㈡IVF 的影響重大，大多的新生殖科技（NRT new reproductive technology）都涉及 IVF：性別選擇、基因治療及改造、器官及生物體的複製。IVF 的重要性，美國醫學界及政府早就意識到了。美國醫學雜誌早在 1972 年就將其列入重要的生殖科技：「生殖科技包括：生殖細胞或胎兒的產製、不經由兩性結合的受孕、子宮內的疾病治療、到最後訂製特殊結構的人」。在政府出版品中，甚至排列出生殖科技的發展順序：「最初是：人工授精（artificial insemination），然後人工受孕（artificial fertilization），人工殖入（artificial implantation）、人工子宮、最後是訂做一個人」（Spallone 1989:16）。

名詞界定

在沒有進一步討論之前，我想先說明甚麼是試管嬰兒？

*　非常初稿，請勿引用

　　In vitro（簡稱 IVF）字面上的意思是：「在玻璃裡」所以翻譯成「試管嬰兒」有某些成分上是對的，不過也有部分不對，因為真實情況不是發生在試管，而是培養皿裡（Spallone 1989:12）。IVF 指生物過程發生在生物體外的試驗容器中。

　　　　與 IVF 相對的是：in vivo，指發生在自然環境也就是生物體內的生命過程。以生殖而言是指體內授精發育，而 IVF 比較正確的翻譯應當是「體外孕殖」。

研究方法

㈠外國的借鏡

　　遠在 1978 年 7 月 25 日世界第一個試管嬰兒 Louise Brown 誕生之前十年，Gorden Rattray Taylor 在他的「生物定時炸彈」一書中，就預測將來伴隨試管嬰兒技術而來的會有：孕程領養、性別選擇、人工子宮、嬰兒工廠…。另外加上器官移植、基因工程、以濾過性病毒製造等的科技新發展，他認為一個革命性的‘生物控制’時代已經來臨。今後科學家可以決定多少、什麼形式的生命在哪兒生存，也可以製造以前從來沒有存在過的生命形式（1989:9）。Taylor 認為這樣革命性的改變與其他科學上的重大突破：器官移植、基因工程、從無生物的分子製造病毒等，等量齊觀。＊

　　六、七十年代在國外生物醫學圈子內就不斷的討論－「生殖控制為人類帶來的究竟是福是禍？以及這些研究是不是讓科學家及醫生過度的控制了生殖？」。持謹慎態度者包括因合作發現基因結構而獲得 1953 年諾貝爾獎的 James Watson。這樣的爭議減緩了美國的試管嬰兒研究，甚至停止了公立機構支持的研究經費，使得往後的研究都由私人贊助，至少在表面上如此。

　　雖說如此，生殖科技的發展並未停止，不但研究繼續在做，臨床應用推陳出新，科技公司的股票堂皇上市。Watson 做到的似乎只有指定研究經費的 5%給 ELSI（倫理、法律及社會科學）。

　　早期的生殖科技諮詢對象包括：神學、哲學及法學。人類學、歷史學及社會學並沒有列入考慮。醫療社會學家 Stacey 說：生殖不但關係人類會有甚麼樣的後代，也攸關人類社會的未來。如何處理生殖問題無疑地將會影響人類未來，不只在生物層面，也包括社會及文化層面（1992:10）。既然生殖是

社會也是生物事件，所以自社會科學的角度檢視應當時必要的。英國在1982成立「人類受精及胚胎發展研究委員會」，1984公佈Warnock報告。在這樣的決策過程中，社會學家究竟扮演了甚麼角色？其影響如何？我們很想知道。

　　Stacey說：這些新科技廣泛使用前根本沒有做過適當透徹的社會科學研究。大家似乎對科技充滿信心，認為它可以解決不孕及先天異常的問題，所以雖然道德及法律的重要性被意識到了，但是後果（不管好與壞）的社會科學研究完全被忽略，社會科學家也沒有被邀約參與諮詢立法及訂定管理規範。不但如此，即使身為英國及歐洲健康研究團體的科學顧問，Stacey也沒有能夠說服80年代的醫生及政府公職人員：新生殖科技，不論在理論及應用層面都需要做透徹的社會科學研究（1992:11）。80年代初期 Stacey 在聯合國歐洲健康研究委員會（EACHR European Advisory committee of Health Research）建議社會科學研究的時候，與會者不但認為她所提出的問題，律師就可以解決問題，而且認為她在攻擊生殖科技（1992:12）。

　　生殖既是生物也是社會事件（Stacey 1992:6）但為甚麼涉入那麼難？除了 Snow 所說的兩種文化隔閡（1992:21），生殖醫療化也有影響。過去是社會及生物事件的生殖問題（Stacey 1992:6）變成了全然的醫學議題，社會學者因此無從參與。

　　這樣的情形目前已經有所改變，負責胎兒及先天性異常篩檢的「國王基金」（King's Fund Consensus Forum）1987首先表現出「人文及社會科學關懷」。在他們的宣言中有這樣的表述：「篩檢的成功與否不應當只以先天性畸形的發生率為依歸，篩檢帶給婦女及其家人的痛苦也要列入考量。」（Stacey 1992:24）

　　1990世界衛生組織（WHO）針對不孕治療的 IVF 的諮詢會議，情況就更為不同。會議成員包括各類相關人士共計15人：歐洲、北美、澳洲從事 IVF 的婦科醫生、婦女團體、流行病學家、社會學家、經濟學家、健康行政人員及記者。內容包括：

　　1.定義及評估各國的不孕發生率

　　2.評估不孕服務（首度關注預防、不孕的其他替代社會服務評估；其他替代服務的需求及與 IVF 關連性、以及輔導及支持的重要）

3. 首先開始針對 IVF 及其他相關科技做全方位的適當性評估，其次評估 IVF 的所有直接與間接代價

4. 計劃及分配資源

5. 評鑑生殖科技品質

6. 倫理考量首先考慮服務提供的公平性、男人及女人的社會權利，而非只想到卵、精子及胚胎。

這次會議不但集合了 IVF 醫療工作者、流行病學家、病人及未來的可能病人、社會學科學家，他們共聚一堂，而且完成了一份報告。這份報告特別的是將 IVF 服務放在整體健康服務範疇裡面考量，並考慮到社會及心理後果。同時也呼籲社會、流行病及臨床研究（Stacey 1992:26-27）。

1991 Human Fertilization and Embryology Authority（HFEA）首先邀約社會學者參與。

(二)我國的人工生殖法

因應生殖科技的發展，我國在 1985.7 制定「人工生殖技術指導綱領」。1994 頒發「人工協助生殖技術管理辦法」。1996.1.30 衛生署首次舉行人工生殖技術諮詢委員會（林燕翎 1999:16）。在立法的過程中，IVF 沒有經過仔細討論,至少沒有像代理孕母一般在大眾媒體上廣泛討論。體外授精被視爲醫學議題，是科技突破與進步。因爲對西方醫療的生疏，以及西方醫療在我國的高專業權，我想這樣的議題，當初是聽從了醫學專家的聲音。

由於我國近百年來國力積弱科技落後，知識份子因而常存進步之心，時時不忘迎頭趕上後來居上，其中科技官僚心態尤其如此。我國的衛生署一直由醫生領導，其心態是科技掛帥技術領先的，對於醫學的負面效應，完全沒有認知。在新擬訂的草案中「人類生殖的新紀元」「顯示政府積極態度作爲」等語句再再顯示了政府的進步主義心態。草案中「行政院衛生署有感於任何科技皆難以完全避免其《副》作用之產生」「爲避免負面影響」等，稱「副」作用、「負面作用」，而不稱誤用、濫用，而且其副作用也只提到：商業買賣、不良後代及亂倫隱憂，而完全不提誤用濫用，也顯示了其對醫學的「偏向／執」。

生殖科技的發展，我國起步較晚，因爲有前車可供鏡鑑又國外借鏡 ELSI 的關係，人工生殖技術諮詢委員會成員包括社會、倫理及法律三方面的專

家，但是這些專家沒有發生效用，也沒有感知到 IVF 的重要性。

「人工協助生殖法草案」中也提到生殖科技的正確使用，如：立法基本原則第一條：人工生殖技術係以治療不孕為目的，非為創造生命之方法。第二條：對於生殖細胞－精子、卵子及胚胎，應予以尊重，不可任意作為人類品種改良之試驗。然而如果相信立法在我們這樣的社會能夠防止問題發生，那麼不是迷信法條、不負責任，就是對我們的社會太不了解了。

由於我們文化中深植的傳宗接代觀念、社會的父權結構、以及專業的不守法作風，「為生育機能有障礙的夫婦帶來傳宗接代希望及福音」的新「人工協助生殖法」，以及行政院衛生署對「責任政治、全民福祉」的美意，其結果可能全然不是那麼回事。

檢討－生殖科技與社會

IVF 沒有受到重視另外一個原因，可能因為它的臨床使用意義，IVF 最早僅只使用在輸卵管不通的婦女，它等於只替授精卵另闢蹊徑，達到著床的目的。其用意非常單純善意，而且也並非什麼重大突破，但是後來適用的範圍被擴大到「原因不明的不孕」、男性精子的受孕能力測試、胎兒基因鑑定、性別篩檢（Stacey 1992:29）、代理懷孕、基因改造及胚胎研究試驗等，問題才大條起來。所以問題不在 IVF 技術本身，而在它的應用及後續引爆的社會問題。

歸根結底而言，生殖醫學是社會的一部分，未來亦勢必會影響社會的發展。生殖科技的社會觀提供一個多元性思考的機會。因為社會生活的多面向及複雜性，它所提供的視角也是行動及其結果間的複雜及勾連關係（Stacey 1992:2）。

IVF 所造成的社會衝擊，最主要的是：生殖掌控及人際關係的改變。其他社會學家關心的還有社會反應、平等、論述及意義、社會規範等，以下將循序分別討論：

㈠生殖掌控及人際關係的改變。人類生殖在 20 世紀有了前所未有的重大變革：60 年代開始使用避孕藥物，80 年代的試管嬰兒技術。生殖掌控衝擊改變了最親密的人際關係（Stacey 1992:19）。避孕方法使得性與生殖分離，因為有了避孕工具所以從事性活動不一定會懷孕，性與生殖分離，對當時的性

規範、婚姻及生活方式起了革命式的影響。雖然現代人的性與生殖不一定連在一起了，可是在 IVF 沒有發展以前，畢竟懷孕還是需要兩人的親密關係。IVF 使得精卵結合也不再需要有性，人類後代的產生不再需要親密行為，甚至所涉及的也不再是兩人，而可能包括醫生、胚胎學家、甚至是一組工作人員，這樣結果對社會家庭的衝擊，目前恐怕還無法想像。

新的協助生殖科技因為可以決定替誰、何時及是否提供服務，因此形成新的掌控（Stacey 1992:20）問題。國外已經發生的就是處女生殖（virgin birth）及同性戀婚姻問題。國內吵的最凶的就是代理孕母問題。

有一段時間`處女生殖'在英國媒体上喧騰的很厲害。倒不是因為人類生殖科技有了什麼新的突破，而是倫理問題的爭辯。處女生殖指：單身女性經由人工協助生殖方法而非自然的性交方式懷孕生產（當事人不一定是我國社會所定義的處女）。人工協助生殖的技術已非常普遍。所以爭論的重心是單身女性可不可以經由此方式懷孕生產當母親，以及醫生可不可以替單身未婚或不婚女性執行人工生殖技術的問題。

父權社會，孩子的身份一定要經過父親的認可，父不詳是奇恥大辱。而處女生殖完全否定了夫權、父權。所以為保守派人士堅決反對，也不准醫生替這樣的婦女做人工生殖手術。

贊成的人是從人權角度出發。歐美社會不婚生子或單親家庭已經很普遍。女性不一定得經過婚姻才可以當母親。當代生殖科技的發展使得生殖甚至也不一定要經由性。何況由於離婚的普遍，即使已婚也不能保證將來孩子成長的階段父親不會缺席。因此不許單身女性享有與已婚女性一樣做母親的權力被視為對單身的歧視及懲罰。

英國實行處女生殖的兩所醫院對處女媽媽的篩檢非常嚴格。經過篩檢的女性，不但身心健康有正當職業及經濟基礎，在做母親的動機及能力上也都比一般女性高，那麼為什麼她們不能擁有自己的孩子？

至於孩子是否願意出生在單親家庭以及孩子將來所面臨的社會歧視問題。前者即使婚生子女也未曾有機會選擇，後者在歐美社會的歧視及壓力並不嚴重，即使有壓力，應該受懲治限制的是施壓者，而非單親的母子。

我國的「人工協助生殖技術管理辦法」，明文規定僅適用於已婚夫婦，也即是說單身女性沒有當母親的權力。在我國，因為婚姻生殖仍不僅是個人

而是家族的事，單親生殖還得考慮僅有獨生女兒的家族。贅婚現代已經不流行，那麼如果女性家族想要通過人工受孕的方式不婚生子，又如何呢？如果單身者被排除在人工生殖技術受益者之外無權做母親，將不止是對女性個人也是對女性家族的不平等待遇。

〔代理懷孕的辯論請參閱本人「代理孕母」一文〕

㈡社會反應

社會態度呈現兩極，但鮮有無動於衷者（Stacey 1992:15）。經過了車諾比及沙立多邁事件,社會大眾對科學產生依賴卻又不信任的愛恨情節，所以出現贊成及反對兩極反應。但是生殖是生命中的大事（1992:15）。所以社會大眾鮮有不熱衷者。

生命是神秘及可敬畏的，Mary Warnock（1985）說：我們的確害怕科學家與醫生聯手在體外製造生命，我們也怕操弄受精卵所產生的後果。生命是可敬畏的，因此我們的恐懼並不完全非理性。如果人類生殖的革命已經開始，當然隨即會有重大後果發生（Stacey 1992:18）。

㈢IVF 現況及意義

一般而言 IVF 的成功率並不高。英國在 1989 是 11.1%（Stacey 1992:30）。為了提高成功機率，做試管嬰兒技術通常置入不只一個受精卵，所以試管嬰兒 1/4 是雙胞胎、三胞胎或多胞胎；試管嬰兒的新生死亡及畸形也是正常生產的兩倍（Stacey 1992:30-31）；做試管嬰兒孕婦的懷孕及生產過程問題會超過正常生產；多胎的問題不應當只想到生產時的問題，還應當考慮日後的養育。這些問題醫生都沒有列入考量，他們通常只關心成功受孕的案例，這與實際上抱寶寶回家的案例有相當距離。意義也大不相同。

台灣的紀錄著床率與國外相同，大約是 25%（林燕翎 1999:13 引劉志鴻 1991:227）。成功懷孕的比例中，大約有 20%自然流產、5%子宮外孕、1%孕娠中期或末期死亡（林燕翎 1999:13 引黃恩國 1993:2）。兩者合計，成功抱寶寶回家的比例應當在 20%左右，看起來比英國的還要高。實際的情況可能沒有這麼好，林燕翎就說：某些人工生殖中心以進行試管嬰兒的步驟中，成功率最高的數字作為訴求，吸引不孕夫婦上門。

㈣性別平等

女性主義者對生殖科技的態度不一，但都認為有性別因素在。我贊同 Sta-cey 的說法：不是單面向的對立，而是多元的混聲交響。

女性主義者對生殖科技有期待也有批判。期待者希望它終結能解除女性的生理負擔，擺脫生殖差異（林燕翎 1999:8 引 Firestone）批判者憎恨它替女性帶來的傷痛。她們說：生殖醫學完全不在乎對女性健康的戕害，包括：使用助孕及排卵荷爾蒙刺激排卵並調整經期、利用超音波監看排卵情形、取出成熟的卵子、以及殖入胚胎。如果殖入成功還要使用更多的荷爾蒙、超音波掃描、羊膜穿刺、以及最後的剖腹產。IVF 對孕婦及胎兒可能產生的危害在使用到有生育問題的女人身上之前，從來沒有充分探討過（Spallone 1989:12），也沒有讓接受治療的女性知道，他們假設：不會生育的女人，需要不計一切代價的替夫家生孩子，特別男孩子。

除了身體的傷痛，生殖科技更摧毀女人的整體性、剝削女性的創造力、壓抑女性的生殖掌控努力（Spallone 1989:1）。可以說在科技模式中女性主體完全失落了（Spallone 1989:16）。女性主義者除了關懷母權、女性身體自主、婦女健康之外，還關心母職（motherhood）、「母格」（母親在法律上的人格）被分隔的狀況。生殖科技使得母親被分裂為：基因的、生物遺傳的、社會的；懷的、生的、養的等各種形式，母親的人格完整性消失。尤其是代理懷孕更使得婦女的身體被濫用、尊嚴被踐踏，女人被物化淪為孵卵器、保溫箱。在立法院的公聽會上有人說：如果不用代理孕母而使用代孕者的稱呼即可免去未來雙方爭奪孩子，更是物化及藐視人性。這樣的的作為只可能替法律省事，強化醫療及法律霸權，卻完全破壞了懷孕生產的神聖性及母子間親密連繫。

相對照的英國於 1990 通過「人類生殖與胚胎法」，其中第 27 條定義母親為：因殖入胚胎或精子及卵子於婦女體內造成該婦女現在或曾經懷胎者，其他婦女不能認為係胎兒之母親。此規定不適用於收養之子女（林燕翎 1999:20）。我們這樣的父權思考能不汗顏？

憑良心說早期的生殖科技討論，即使所謂的人性關懷也只討論到人倫關係，而從來沒有涉及女性權益。在醫生及科學家的小圈子裡，女人被視為研究、討論、試驗及工作的客體，而不是有主體性的個人。早期的科學家們討

論胚胎、生命、宗教、社會，就是沒有討論過女人、用作試驗的女體、以及控制人類生殖就是控制女人懷孕及生產這樣的事實。在法律案件的爭議上，根據的是兒童權益，而非女人做為母親的權益。

批判的女性主義者甚至攻擊生殖科技發展的基本目的，不是為了滿足女性的生殖欲求，而是經由女性身體達到醫學家、研究人員、國家的科技進步及人口控制日的（Spallone 1989:2）。

其實我並不完全贊成 Renate Klein 式的：「科技無用，我們被誘導相信它有用；它是反女性（anti-female）的；它的理論及應用都是危險而且泯滅人性的」（Stacey 1992:34-35）。我比較相信醫療科技是一把雙刃的刀，能救命也能傷人（雖然我也不認為它只是客觀中立的知識）。醫療原本是非常狀況（生病）下的不得已手段，因此我們不希望它無限制的延伸擴張，變成整個人生及社會的醫療化。我不贊成全然反對或拋棄當代科技或醫療，是希望它能為人所用，而不是由它掌控人們的命運、支配人們的生活。社會醫療化及「醫原病」（Iatrogenisis 意指因醫而至的病）的情形在歐美已經非常普遍，而且這方面的討論也行之有年。歐美國家因為受醫療科技的傷害較早，所以已經有所醒悟。在此希望我們能夠記取教訓，不要再蹈覆轍。

至於拿捏的原則，對醫療及科學人來說，我認為陳瑤華說的「從性別及社會脈絡所顯示的公平與正義邏輯」，值得參考：知識與權利的擁有者必須以不侵犯他人為界線，並不只指消極地防範侵權之意義，它同時蘊含不同個人及團體必須能擁有達成其基本權力的可能性（陳瑤華 2000:31）。在權利的不平衡關係中，沒有表面上侵權的行為並不表示這樣的研究與醫療行為是公正的或正當的，病人在這樣的醫療行為中是否有維護其權力的可能性才是關鍵。

㈤行為規範及模式

社會科學家關懷新發展對社會行為規範的衝擊及影響，首先，新的生殖科技使得人類對生殖的期待改變，其中之一就是要生「完美嬰兒」，並因此帶來篩檢及篩檢後的墮胎問題。婦女被迫篩檢及墮胎所承受的身心壓力不言可喻，事實上遺傳疾病只是畸胎的小部分的原因，而且到目前為止能篩檢出的疾病也非常少。所以生殖科技雖然提供了選擇，但也迫使人們無從選擇。

其次，生殖科技的應用，強化了某些社會價值，比方說：結了婚的女人

一定要生孩子。任何時代及社會都有人不想生孩子，尤其現在流行「頂客」族，許多已婚夫婦不想有孩子。推行生殖科技往往更加強化傳統的社會價值，就陳昭姿老師推行代理孕母，到處敘述無法生育的女人，在暗夜哭泣的淒慘景象，她說這些女人連公娼都不如，公娼還敢站出來要求她們的權利，而這些女人卻不敢走出來跟她站在在一起。這樣污名沒有生孩子的女人，更加重了女性傳宗接代的壓力。

　　女性主義者最難面對的論述是：如果拒絕 IVF 及胚胎試驗，就是拒絕有生育問題女人的生殖選擇及權力。所以她們認為要將「不孕」與「不孕症」分開。IVF 與「不孕」無關，與 IVF 有關的是「不孕症」及其治療（Spallone 1989:3）。「不孕」不是病，不應當有「污名」。不孕可能是或不是個人選擇，但絕對不是一種遺憾或殘缺。「不孕症」是醫學建構的，生殖科技的應用使得人們認為不生的女人，一定有問題。所以我們應當重新思考：甚麼是選擇？甚麼是社會定義的正常？對有生育問題的女人生殖選擇意味甚麼？等等

　　目前生命科技相關的法律原則都非常保守，最常見的就是「婚姻主義」。單身的女人不能合法利用捐精的方式達到生殖目的，只能提供卵子給另外一個已婚的女人，後者這種情形分明是已婚的女人代理提供卵子者懷孕，但已婚者擁有母親的身分，而未婚者只叫做「捐卵者」。這不但相關誰替誰懷孕生孩子，也決定將來的孩子屬於誰？誰有權做母親。經由這一點也讓我們思考：究竟甚麼是代孕？自什麼樣的角度定義？緣自誰的利益？

　　因為 IVF 使用的關係將來的親屬關係會非常複雜，父親、母親的定義如何界定，個人的權力如何分配，將來一個女人可能懷著不是她丈夫的孩子；可能懷著雖然是她丈夫的孩子，可是卵子是別人捐贈的；如果她不能懷孕，可能由別人替她懷及生等等，再加上目前婚姻及家庭的巨大變動，親屬關係真必須好好重新思考。

結　語

　　歐美國家並不全力鼓勵生殖科技，其原因，不是經費不足，也不是能力不逮，而是因為生殖醫學涉及的倫理問題太多。西方社會因為宗教信仰的關係不願見到人類扮演「上帝」，因為扮演上帝的結果可能不是大家所願意見

到的。西方社會因為其基本的倫理及信仰不願意藐視上帝，也警惕到科技發展（甚至濫用）、生殖掌控的後果及危險，而在我們這樣沒有上帝信仰（無法無天）的社會，一旦做起上帝來，後果恐怕更嚴重，所以我們執行起來需要倍加謹慎小心。

IVF 在我們社會早已經在做（根據衛生署保健處的統計 87 年 1 月到 6 月台灣地區進行了 2883 人次的人工生殖，其中以進行試管嬰兒的人數最多有 1479 人次，林燕翎 1999:13 引洪淑惠 1998），隨之而來的人類生殖科技革命及後續的社會衝擊勢將不可避免。然而大家都知道，科技本身不會自己製造衝擊改變，造成問題的是負責管理及使用這些科技的人，包括有權的在位者、技術及知識權威，以及普通的消費大眾。現在許多生物科技公司都已經摩拳擦掌躍躍欲試，所以在應用或引進新科技的時候我們也要仔細思考，審慎評估。此外生殖科技不但影響也反映使用它的社會價值（Stacey 1992: 10）。以代理孕母為例，我們即可以看出，同樣是代理懷孕，國外思維基本上著重的是「代孕」這一項概念及事實，而不是我國思考的誰提供卵子（也就是血統問題）。因為著重的是代理懷孕這件事，所以討論的內容也針對代理懷孕的法律問題：委託懷孕契約的合法性、委託者的生父與受委託者的生母（或委託的夫婦與代理孕母）之間誰能獲得監護權？是不是可以商業買賣？發生問題時怎麼辦……。而我們關懷的是到底是誰的孩子，所以試管嬰兒技術、出生身分認定、DNA 檢驗等是重心。這象徵著同樣的科技新發現在不同的社會文化的應用、思維、意義皆不相同，因此所衍生引發的問題也不會相同。所以「在地」的社會科學研究是不可避免的。

當然鼓勵社會科學研究，並不意味社會科學就對生殖科技所引發的所有後續問題有答案，而是強調不同領域知識參與對話的重要。對話來自對其他領域建構知識方法不同的認知（思維的起點、提出的問題、概念架構、理論假設、經驗研究、分析以及最後甚麼樣的答案才能被接受）。因為任何單一的知識領域都無法提出絕對的答案，但是每種宣稱都能幫助我們知道的比過去多一點（Stacey 1992:5）。

參考資料（中文）：

1. 林燕翎（1999）《架縫中的女人：探討台灣代理孕母問題》，台灣大學新聞研究所碩士論文。

2. 陳瑤華（2000）「基因科技作為倫理及性別的研究議題」，《跨學科教學研討會論文》。台大婦女研究室：台北。

3. 顏厥安（1999）「生物科技之倫理、法律與社會意涵問題簡介」，《生物科技與法律研究通訊》。台灣大學法律系、生物醫學法律研究室：台北。

4. 劉仲冬（1997）「代理孕母:女性醫療社會學觀」《應用倫理學研究通訊》，第四期。中央大學哲學研究所應用倫理學研究室。

參考資料（英文）：

1. Burfoot A (1987) `The Organization and Normalization of Reproductive Control', unpublished paper from the Annual Meeting of the British Sociological Association, 6-9 April, Leeds.

2. Miles A (1992) Woman Health and Medicine, Open University Press: Milton Keynes. Philadephia.

3. Spallone P (1989) Beyond Conception: The New Politics of Reproduction, Macmillion education: London.

4. Stacey M (1992) Changing Human Reproduction: Social Science Perspective, Sage: London, New York, New Delhi.

5. Zola I K (1975) `Medicine as An Institution of Social Control', in Cox C and Mead A (eds) A Sociology of Medical Practice, Colloer Macmillan: London.

庾信〈詠畫屏風詩二十四首〉析論

葉慕蘭

人文及社會科學科副教授

提　　要

　　庾信〈詠畫屏風詩二十四首〉原為詠屏風的詩，但因屏風上有畫，乃將詩的重心放在吟詠畫上，看詩的內容與風格，不是他晚年在北周時作的，而是他年輕時候在梁朝作的，可謂他「徐庾體」一類的作品。這二十四首詩充分發揮了詩的長處與畫相配，相得益彰，成了詠畫式的題畫詩，為此庾信成為南北朝著名的題畫詩家。

關鍵字：庾信，題畫詩，梁朝，詠物詩，古詩

一、前言

　　庾信(513-581)，字子山，小字蘭成，祖籍南陽新野人（今河南省新野縣）。他出生在蕭梁王朝的承平時代，父親庾肩吾是梁代著名的宮體詩人。庾家父子和徐摛、徐陵父子一起出入宮廷，寫作綺麗的詩文，著名於當世，號稱「徐庾體」[1]。梁武帝太清年間侯景之亂，他領兵作戰，兵敗後逃避江陵，在梁元帝蕭繹手下做官。承聖三年(555)奉元帝之命出使西魏。不久，西魏和梁朝發生戰爭，江陵淪陷，從此他羈留北方，歷事西魏、北周，直到隋文帝開皇元年(581)過世。為北朝大詩人。他的作品以他四十二歲出使西魏為分界限，分前後兩期，前期作品乃是指在南朝梁時的作品。此時作品曾編過兩種集子：一是在揚都十四卷本，一是在江陵三卷本，這兩種本子先後在侯景之亂、江陵之亡中散佚。他後期作品乃是指入北以後的作品。這些作品在他六十七歲時，由北周滕王宇文迥為他編成《庾信集》二十卷兩帙本，並為

此集作序，滕王原序曾云：

> 昔在揚都有集十四卷，值太清罹亂百不一存。及到江陵，又有三卷，
> 即重遭軍火，一字無遺。今之所撰，止入魏已來，爰洎皇代。凡所著
> 述，合二十卷，分成兩帙，附之後爾2

可知北周滕王所編之《庾信集》這二十卷僅包括西魏、北周時之作，而
無居梁之作。《北史‧庾信傳》稱「有文集二十卷」3，《隋書‧經籍志》著
錄：「《庾信集》二十一卷幷錄」4 可知。北周‧隋時《庾信集》有二十卷
本與二十一卷本。清代學者倪璠認爲增多的一卷。乃是隋‧平陳後所得的南
朝舊作。清‧倪璠註釋〈庾集題辭〉云：

> 自滕逌撰集於新野，魏澹闡注於房陵。逌之所撰，自魏及周，著述裁
> 二十卷。其南朝舊作，蓋闕如也。及隋文帝平陳，所得逸文，增多一
> 卷，故《隋書‧經籍志》稱集二十一卷，其所摭拾者，大抵揚都十四
> 卷之遺也5

新、舊《唐志》又稱《庾信集》二十卷，這或者是將隋二十一卷本重新
加以編次的結果。6 今日所見《庾子山集》十六卷，雜有南朝作品。清倪璠
註釋〈庾集題辭〉曾說明現行本是根據宋太宗諸臣摭拾集輯的書撰集而成。

> 《舊唐書志》有集二十卷，與本傳合，要稱其滕王所撰也。《庾集》
> 在於周、隋，有此二本矣。今其書並已不傳，世之所謂《庾開府
> 集》，本宋太宗諸臣所輯，分類鳩聚，後人抄撰成書，故其中多不詮
> 次，取而注之，文集凡十有六卷，幷釋其序、傳，撰〈年譜〉、〈世
> 系圖〉二篇7

《庾集》之注本隋時已有，《隋書‧魏澹傳》云：「太子勇令注庾集，
世稱其博物」8，然魏注早已亡佚。到了清代《庾集》出現兩家注本，一是吳
兆宜的《庾開府集箋注》十卷，一是倪璠的《庾子山集》十六卷，吳本較疏
略，倪本考核史傳，旁採博搜，較吳本詳實。故倪本十六卷爲研究庾信作品
之通行本。故本文所論以倪本爲主。庾信作品分爲賦、詩、表、啓、擬連
珠、讚、教、移文、序、傳、銘、碑等，倪璠本所收之庾信古詩共有二百二
十三首，內容包括宮體、山水、詠懷、詠物、酬贈、遊仙、輓歌……內容頗
爲繁雜9本文則僅就詠物中〈詠畫屏風詩二十四首〉析論之10

二、庾信〈詠畫屛風詩二十四首〉析論

　　江南六朝時代，由於玄學流行，老莊的自然觀和江南秀麗山水結合，使藝術趣味趨於蓬勃。南方的繪畫徹底脫離了儒術的影響而朝純藝術的方向發展。當時畫評、鑑賞法與畫論次第出現，爲中國繪畫史開拓了更廣泛的面相 11 當時山水畫發達，又興起了花鳥畫。詠物詩同時盛行於六朝，詠物詩之所以盛行也受到繪畫藝術的感染，文人在描寫物象、物性、物用時力求寫物圖貌蔚以雕畫，以達詩如畫的境界，故六朝繪畫影響了詠物詩的創作技巧，而詠物風氣則影響了題畫的方式 12，爲此山水、花鳥、草木圖的盛行與詠物詩的吟詠相激盪題材也多相同。每一首詠物詩就如一幅詠物圖 13 爲此當時扇屛圖繪也成了文人詠唱的對象。14

　　庾信作品中詠物詩有四十多首，所詠之物，以描寫物的個體爲主 15，包括自然景物如梅花、園花、杏花、荷花、樹、雪、月，禽鳥如雁、鬥雞；生活器物，如畫屛風、鏡、羽扇、結線袋子等 16，其中〈詠畫屛風詩二十四首〉全在吟詠屛風畫之圖樣是詠物詩中詠畫詩 17，現依㈠創作時間㈡內容㈢藝術特色三方面探析之：

㈠創作時間

　　庾信〈詠畫屛風詩二十四首〉創作時間不詳，難以繫年考證。不過從二十四首詩的內容情調與風格而言，當是「徐、庾體」一大表現，故判斷爲庾信前期在南朝梁時的作品。18

㈡內容

　　庾信〈詠畫屛風詩二十四首〉全在吟詠屛風畫上的圖畫，論畫中景物有人物、有山水、有花鳥等，論季節有春、夏、秋、冬四季，論地以江南爲主，稍有塞北風光，圖畫中圖樣多種，正如倪璠〈詩注〉云：「子山〈詠畫屛風詩二十四首〉其畫不一，蓋雜詠之也。」19 現就詠畫詩內容可分 1.詠樓台苑園、歌衫舞影 2.詠山水 3.詠搗衣 4.詠採蓮 5.詠遊仙 6.詠隱士 7.詠出獵分述如左：

　　1.詠樓台苑園、歌衫舞影之作共有十四首：如之一、之三、之四、之五、之六、之七、之八、之九、之十一、之十二、之十三、之十七、之二十、之二十四等，這十四首描寫屛風畫景中不是描寫麗人遊春、春台遠望，

就是貴人高閣歌舞、三春宴客，構成歡樂場面，言也正是庾信年輕時在南朝生活的寫照。如：

　　　　浮橋翠蓋擁，平旦雍門開。

　　　　石崇迎客至，山濤載妓來。

　　　　水紋恆獨轉，風花直亂迴。

　　　　誰能惜紅袖，宵用捧金杯。〈之一〉

　　這是第一首詠「屏風畫景」開門（金陵城）迎客，貴族挾妓冶遊，飲酒作樂，可見江南山水，明麗秀雅。又如

　　　　昨夜鳥聲春，驚聞動四鄰。

　　　　今朝梅樹下，定有詠花人。

　　　　流星浮酒泛，粟瑱繞杯脣。

　　　　何勞一片雨，喚作陽臺神。〈之三〉

　　這首詠畫屏，不是真境，是詩人虛空模想之詞，前四句「昨夜鳥聲春」到「定有詠花人」竟以春天鳥鳴真景落到畫中梅下之人，奇極。後四句「流星浮酒泛」到「喚作陽臺神」接寫美人飲酒，翻用宋玉〈高唐賦〉云：「旦為朝雲，暮為行雨，朝朝暮暮，陽臺之下」賦語，來讚美人之美猶神女，造語新奇。讀者可想見畫中景、景中人物，景中可見貴族飲酒作樂奢侈之風。又如

　　　　玉柙珠簾捲，金鉤翠幔懸

　　　　荷香薰水殿，閣影入池蓮

　　　　平沙臨浦口，高柳對樓前

　　　　上橋還倚望，遙看采菱船〈之十二〉

　　這首詠畫屏，藉美人在水殿眺望倚望，描畫出江南水鄉、荷、蓮、柳、採菱船。

　　以上十四首詠畫屏圖樣：春天江南、麗人遊春、貴族挾妓，所構成乃是歡樂場面。

　　2.詠山水之作共有二首：〈之十六〉、〈之十九〉

　　　　上林春遲密，浮橋柳路長。

　　　　龍媒逐細草，鶴氅映垂楊。

　　　　水似桃花色，山如甲煎香。

白石清泉上，誰能待月光。〈之十六〉

　　這首吟詠屏風畫中的庭園山水。南朝時代，莊園制度興起，王公貴族、文人雅士，多在庭園中造假山假水，聚奇石異卉。齊、梁時代貴族遊樂的興趣由自然山水擴及庭園山水20。本詩第一、第二句詠春天時，上林苑、浮橋長柳拂水，由庭園大處刻劃：「上林春逕密，浮橋柳路長」，第三、四句「盡物之態」，從小處刻劃庭園中的奇花異卉、珍鳥異禽：「龍媒逐細草，鶴氅映垂楊」以雕琢之詞藻、諧美之聲律，描繪出庭園一草一木一鳥一蟲之相諧相和，予人視覺、聽覺之美。第五、六句「水似桃花色，山如甲煎香」更寫出庭園山水之清幽宜人，頗有鳥語花香之感。在庭園遊樂更予人時移、瑩潔、謐靜之感，以「白石」「清泉」「月光」來描述出畫中意境：「白石清泉上，言誰能待月光」詩人在客觀的賞畫中予以主觀之感動。又如

　　三危上鳳翼，九坂度龍鱗。

　　路高山裡樹，雲低馬上人。

　　懸巖泉溜響，深谷鳥聲春。

　　住馬來相問，應知有姓秦。〈之十九〉

　　這首詠屏風畫，首兩句：「三危上鳳翼，九坂度龍鱗」先從騎士度上「三危山」「九折阪」見山勢形狀之美，以「鳳翼」「龍鱗」形容，予人具象而超逸之形象，生動地刻劃「山」勢，接下第三、第四句「路高山裡樹，雲低馬上人」如同西畫中的透視法，以「人」為近景，「山水」為遠景，人在馬上，雲、樹皆在足下，寫出山勢之險，登臨之高21。可見詩人是懂畫的欣賞者，接下第五、第六句：「懸巖泉溜響，深谷鳥聲春」春山是：深谷鳥鳴，泉水淙淙，倍增春色，別有幽情。此情此景引人遐思綺想，詩人是「徐庾體」又是宮體詩高手，最後以「美人」收筆：「住馬來相問，應知有秦姓」由騎士聯想起樂府詩〈陌上桑〉：「使君從南來，五馬立踟躕。問是誰家姝，秦氏有好女，自名為羅敷。」詩人用筆新奇，從騎士眼中的山勢而轉描述春山鳥聲，而聯想美麗的羅敷。詩風輕綺柔美。

　　3.詠搗衣之作一首：

　　搗衣明月下，靜夜秋風飄

　　錦石平砧面，蓮房接杵腰

　　急節迎秋韻，新聲入手調

寒衣須及早，將寄霍嫖姚〈之十〉

這首吟詠屏風畫中：秋夜、明月下，有女搗衣，寫出欲寄寒衣的閨情。首兩句：「搗衣明月下，靜夜秋風飄」先以季節時辰來渲染氣氛：秋夜，靜悄悄，風蕭蕭，在明月下，有一女搗衣。第三、第四、第五、第六句：「錦石平砧面，蓮房接杵腰。急節迎秋韻，新聲入手調」描述搗衣時動作與心境，寫來有聲有色，有情有韻。

4.詠採蓮之作有二首：〈之二〉、〈之二十二〉

停車小苑外，下渚長橋前。

澀菱迎擁楫，平荷直蓋船。

殘絲繞折藕，芰葉映低蓮。

遙望芙蓉影，只言水底然。〈之二〉

這首吟詠屏風畫中所展示的是麗人遊湖之初秋美景，麗人所見是初秋江南水鄉景色是：「澀菱迎擁楫，平荷直蓋船。殘絲繞折藕，芰葉映低蓮。」湖中的荷葉、蓮藕、澀菱。又如

今朝好風日，園苑足芳菲。

竹動蟬爭散，蓮搖魚暫飛。

面紅新著酒，風晚細吹衣。

跂石多時望，蓮船始復歸。〈之二十二〉

這首詠畫詩，前四句：「今朝好風日，園苑足芳菲。竹動蟬爭散，蓮搖魚暫飛。」寫景生動「飛」字駭人，第五、六句描述採蓮女「面紅新著酒，風晚細吹衣」的風姿活靈活現。

以上二首詠畫中採蓮女的風姿，結句都「遙望芙蓉影，只言水底然」〈之二〉、「跂石多時望，蓮船始復歸」〈之二十二〉寫出對美人之憐愛。

5.詠遊仙之作一首：

度橋猶徙倚，坐石未傾壺

淺草開長坪，行營繞細廚

沙洲兩鶴迴，石路一松孤

自可尋丹竈，何勞憶酒壚〈之十五〉

遊仙詩至南朝仍餘音裊裊，以其能暫時超越現實，全忘世事。遊世詩以追慕神人、幻遊仙境、鍊丹求壽諸事為主題 22。本詩詠屏風畫，前四句：

「度橋猶徙倚，坐石未傾壺。淺草開長埒，行營繞細廚」先烘托仙景：度橋、坐石、淺草：象徵仙景，而有第五、六句：「沙洲兩鶴迥，石路一松孤」，鶴、松是仙人仙景的象徵，而有結句：「自可尋丹竈，何勞憶酒壚」鍊丹成仙的追慕。

    6. 詠隱士之作一首

        洞靈開靜室，雲氣滿山齋

        古松裁數樹，盤根無半埋

        愛靜魚爭樂，依人鳥入懷

        仲春徵隱士，蒲輪上計偕〈之二十一〉

    本詩客觀的描寫畫中隱士的生活和環境前四句描寫所居的環境：「洞靈開靜室，雲氣滿山齋」「古松裁數樹，盤根無半埋」洞靈、靜室、山齋、古松……第五、六句描寫隱士生活：「愛靜魚爭樂，依人鳥入懷」，與自然合一。

    7. 詠泛舟之作一首

        金鞍聚磧岸，玉軸汎中流。

        畫鷁先防水，媒龍即負舟。

        沙城疑海氣，石岸似江樓。

        崩槎時半沒，壞舸或空浮。

        定是汾河上，戈船聊試遊。〈之二十三〉

    本首共十句，前四句「金鞍聚磧岸，玉軸汎中流。畫鷁先防水，媒龍即負舟。」先描述畫舟之性能。中間四句：「沙城疑海氣，石岸似江樓。崩槎時半沒，懷舸或空浮」描述在中流泛舟之所見似幻似虛，海市蜃樓。舟在驚濤駭浪中或掙或扎或搏或鬥而至槎崩，舸壞寫來驚心動魄，結句「定是汾河上，戈船聊試遊」，詩人賞畫後主觀判定這必然是戈船試遊才有如此氣勢。

    7. 詠出獵之作共有二首：〈之十四〉〈之十八〉

        河流值淺岸，斂轡暫經過。

        弓衣濕減水，馬足亂橫波。

        半城斜出樹，長林直枕河。

        今朝遊俠客，不畏風塵多。〈之十四〉

    本首咏屏風畫先描述俠客騎馬渡過淺岸，第一、二句「河流值淺岸，斂

轡暫經過」第三、四句接下描述，人與馬之英姿：「弓衣濕濺水，馬足亂橫波」進而拉遠鏡頭：「半城斜出樹，長林直枕河」寫出畫面景物的層次和空遠感，予人豪邁奔向長林進入半城之動態感，又如：

將軍息邊務，校尉罷從戎。

池臺臨戚里，絃管入新豐。

浮雲隨走馬，明月逐彎弓。

比來多射獵，惟有上林中。〈之十八〉

本詩詠將軍校尉赴上林苑射獵的畫面，中間：「池臺臨戚里，絃管入新豐。浮雲隨走馬，明月逐彎弓。」四句的描述可見飛馬奔馳、弓滿待發的場景，寫來生動靈活。

總之，〈詠畫屏風詩二十四首〉所詠的是屏風上的畫，畫中內容有 1.詠樓台苑園、歌衫舞影 2.詠山水 3.詠搗衣 4.詠採蓮 5.詠遊仙 6.詠隱士 7.詠出獵等圖繪。

㈢藝術特色

庾信〈詠畫屏風詩二十四首〉之特色，可分下列五點：1.庾信正式以「詠畫」命詩題 2.屬於詠畫式的題畫詩 3.窮形寫態，創造藝術形象 4.在客觀的詠畫中偶有主觀抒情的筆法 5.體裁已具唐律規範，今分敘於下：

1.庾信正式以〈詠畫〉命詩

中國題畫詩的形成經過相當長的歷程和變化：最早從西漢揚雄的〈趙充國畫像頌〉萌發開始，中間經過魏晉的曹植、傅玄、陸雲、陶潛等的畫像贊，而至南朝的江淹、沈約、蕭綱、庾肩吾等看畫詩，慢慢到了北朝庾信才正式把詩與畫初次結合起來，即以「畫」為詩的吟詠對象，為題畫詩的形成創造了條件 23，故有人提出庾信是「題畫詩始作俑者。」24 庾信〈詠畫屏風詩二十四首〉是題畫詩形成中過渡期的作品。

2.屬於詠畫式的題畫詩

庾信〈詠畫屏風詩二十四首〉既正式命名「詠畫」，自是以「詠畫」為主，當是屬於詠物詩的一部份 25。詠物詩盛行於六朝，六朝詠物詩深受到繪畫藝術的感染；六朝繪畫也影響永詠物詩的創作技巧，而詠物風氣就影響了題畫方式，此時許多題畫詩隨屏、扇畫的盛行而產生如南齊丘巨源〈詠七寶扇〉、梁鮑子卿〈詠畫扇〉、庾信〈詠畫屏風〉等作者皆詠屏風、扇上的繪

畫，但仍屬於畫贊與詠物諸二者會合的結果 26。庾信〈詠畫屏風詩二十四首〉詩雖吟詠屏風上的圖繪，卻不著筆力於畫的色調、構圖、氣勢或畫者的技能，只是描寫畫中的景物，直似當時詠物體，這就是題畫詩在形成之初，受詠物風氣影響所至。27

3.窮形寫態，創造藝術形象

詩、畫是兩種不同表現的藝術，詩是最精鍊的文字語言表現，著重聲韻的美感；畫是線條彩墨的表現，以形態美感為主體 28。庾信在描寫上為了追求「極貌寫物」、「窮形寫態」，創造了多種藝術表現的手法：

(1)以「真」寫景：如

　　昨夜鳥聲春，驚聞動四鄰

　　今朝梅樹下，定有詠花人

　　流星浮酒泛，粟璀繞杯脣

　　何勞一片雨，喚作陽臺神〈之三〉

本詩詠畫屏風以「真」寫景。前四句：「昨夜鳥聲春，驚聞動四鄰。今朝梅樹下，定有詠花人。」既詠畫屏風上的畫那有「昨夜」、「今朝」。詩人奇思妙想，以「真」寫景，以鳥鳴真景，落畫中梅下，可謂寫態窮形，創造藝術的形象。

(2)以「動」寫景：如

　　河流值淺岸，斂轡暫經過

　　弓衣濕濺衣，馬足亂橫波

　　半城斜出樹，長林直枕河

　　今朝遊俠客，不畏風塵多〈之十四〉

本詩吟詠屏風畫中遊俠騎馬過河，詩人以「動」寫景，生動撩人，前六句：「河流值淺岸，斂轡暫經過。弓衣濕濺衣，馬足亂橫波。半城斜出樹，長林直枕河」既寫出畫面景物的層次和空遠之感，又表現了人馬的動態，令人如見浪花四濺、如聞流水喧嘩，生動豪邁，可見庾信創造藝術形象的技巧。

(3)從不同角度寫景：如

　　三危上鳳翼，九坂度龍鱗

　　路高山裡樹，雲低馬上人

懸巖泉溜響，深谷鳥聲春

住馬來相問，應知有姓秦〈之十九〉

本詩從不同角度吟詠山水畫，前四句：「三危上鳳翼，九坂度龍鱗」，以「鳳翼」、「龍鱗」形象來吟詠「三危山」「九折坂」山形之俊美，再從：「路高山裡樹，雲低馬上人」以人為近景，山水為遠景，人在馬上，雲、樹皆在足下，如同西畫中的透視法來描寫山勢之險，登臨之高。在這地勢之下：更感受「懸巖泉溜響，深谷鳥聲春」、淙淙泉水，馬鳴深谷之春色幽情。

從〈詠畫屏風詩二十四首〉中可見。庾信(1)以「真」寫景(2)以「動」寫景(3)從不同角度寫景等多種藝術表現手法，以達到窮形、寫態、創造藝術形象。

4.在客觀詠畫中偶有主觀抒情的筆法

庾信〈詠畫屏風詩二十四首〉以「畫」為全篇主題的詩作。雖吟詠屏風上的圖繪，但不著筆力在畫的色調、構圖、氣勢或畫家的技巧。詩人絕大部份都是客觀的詠畫，二十四首之中只有少數的詩的末句隱隱流露出詩人主觀的感情。如：「但願長歡樂，從今盡百年」〈之六〉、「絕愛猿聲近，惟憐花徑深」〈之八〉、「住馬來相問，應知有姓秦」〈之十九〉、「直上山頭路，羊腸能幾回」〈之二十四〉29，這種筆法創造了唐代題畫詩形成的條件。

5.體裁已具唐律規範

庾信在梁，與徐摛、徐陵父子並為「宮體」的倡導者，時稱「徐、庾體」、「宮體」又為「永明新體詩的新變」（《梁書，徐摛傳》）新體詩更自覺講求聲韻和對偶，「徐、庾體」就是沿著永明體追求新變新巧的詩文。

庾信〈詠畫屏風詩二十四首〉體裁已具唐律規範，「唐律」就是唐代的律詩，律詩一稱「近體詩」，又稱「今體詩」和「古詩」為對待名詞。律詩，就是依照一定格律寫成的詩30格律嚴格有四點：(1)每首八句(2)押平聲韻腳(3)平仄遞換(4)中間兩聯須對仗。唐詩之所以成熟與興盛仍是靠南朝詩人對聲律、技巧、煉句、創意深研的結果。庾信〈詠畫屏風詩二十四首〉在律體的試驗作了貢獻。現根據律詩格律分析之：

①〈詠畫屏風詩二十四首〉：二十二首為五言八句，全首一共四十個字。從第一首到第二十二首皆是五言八句。有二首是五言十句類似五言排

律，這二首是第二十三首、第二十四首

　　②〈詠畫屏風詩二十四首〉都從第二句入韻，押平聲韻腳，其用韻情形
如左：

　　甲、全首一韻到底的詩共有八首：如〈之七〉、〈之八〉、〈之十
一〉、〈之十三〉、〈之十八〉、〈之二十〉、〈之二十一〉、〈之二十
二〉，押得韻是：「麻、侵、歌、齊、東、友、皆、微」諸韻。

　　乙、。其他十六首皆押通韻，押得韻是：「歌戈、灰咍、侯尤、陽唐、
眞諄、元魂痕、仙先、蕭宵、模虞」而其中「歌戈、灰咍、侯尤、陽唐、眞
諄、仙先」等同用之韻，已與唐人接近 31。近體詩用韻甚嚴，必須一韻到
底，而且不許通韻。庾信〈詠畫屏風詩二十四首〉有八首是一韻到底，押平
聲韻腳，其他十六首押得是平聲通韻，這些通平聲通韻到唐宋詩人已成爲同
韻了。根據以上分析〈詠畫屏風詩二十四首〉押得平聲韻腳，幾乎與唐人接
近了。

　　(3)平仄遞換：依近體詩的規矩，是以每兩個字爲一個節奏，平仄遞用，
如平平、仄仄是諧，否則仄平、平仄是拗 32 近體詩中一句詩平仄的定點在下
三字：「平仄仄」、「仄平平」、「平平仄」與「仄仄平」四種，在這四種
標準格式安排的平仄才是律句，否則便是拗句，拗句便是古體詩中的「三平
調」、「三仄調」、「平夾仄」與「仄夾平」。庾信〈詠畫屏風詩二十四
首〉，每首五言八句者共有二十二首，五言十句者共有二首，二十四首共有
句子一百九十六句。其中平仄遞換合乎四種標準格式的律句竟達一百五十句
之多，其餘非律句者：「三平調」有十六句（其中含有一句五平調）「三仄
調」有十三句，「平夾仄」有十一句、「仄夾平」有七句。平仄遞換合乎律
句是近體詩最講究聲律要求，綜合以上，這二十四首詩平仄遞用，合律句比
率頗高，在平仄遞用能力求平仄交錯、平仄對立，甚至有二首如〈之十
一〉、〈之二十二〉平仄相黏，庾信力求平仄諧調、平仄錯落，以求音節的
和諧悅耳。

　　(4)八句中中間兩聯須加對仗：平仄和對仗是近體詩中最講究的兩件事33。
齊永明新體詩便自覺地講求聲韻與對偶，庾信詩文對偶精工便是他藝術特
色，因此〈詠畫屏風詩二十四首〉其中有二十二首是五言八句，二首是五言
十句，中間兩聯都是兩兩相對，對仗之靈活巧妙，篇篇如此：如

石崇迎客至

｜－－｜｜

山濤載妓來。

－－｜｜－

水紋恆獨轉

｜－－｜｜

風花直亂迴　　〈之一〉

－－｜｜－

運用人名對花鳥對

池臺臨戚里

｜－－｜｜

絃管入新豐。

－｜｜－－

浮雲隨走馬

－－－｜｜

明月逐彎弓。〈之十八〉

－｜｜－－

以天文、宮室相對

　　從以上分析，可見〈詠畫屏風詩二十四首〉已經漸漸和律詩接近了，其中〈之十一〉、〈之二十二〉已具律詩的格式。

出沒看樓殿

｜｜｜－｜

間關望綺羅

對

－－｜｜－

翔禽逐節舞

黏

－－｜｜｜

流水赴絃歌

對

－｜｜－－

細管吹叢竹

　　黏

｜｜－－｜

新杯捲半荷

　　對

－－｜｜－

南宮冠蓋下

　　黏

－－｜｜｜

日暮風塵多〈之二十二〉

　　對

｜｜－－－

　　本詩爲五言八句，仄起，第二句入韻押平聲歌韻，一韻到底，中間兩聯，「翔禽逐節舞」對「流水赴絃管」，「細管吹叢竹」對「新杯捲半荷」，對偶之巧，詞藻綺麗。平仄遞用、平仄交錯、平仄對立，更難得是平仄相黏，其中拗句「三平調」「三仄調」「仄夾平」外，可謂漸具有唐律的規範。又如

今朝好風日

－－｜－｜

園苑足芳菲

　　對

－｜｜－－

竹動蟬爭散

　　黏

｜｜－－｜

蓮搖魚暫飛

　　對

－－－｜－

面紅新著酒

黏

－－－｜｜

風晚細吹衣

對

－｜｜－－

跂石多時望

黏

｜｜－－｜

蓮船始復歸

對

－－｜｜－

本詩爲五言八句平起，第二句入韻，押平聲「微」韻，一韻到底。中間兩聯，兩兩對仗「竹動蟬爭散」對「蓮搖魚暫飛」，「面紅新著酒」對「風晚細吹衣」，刻劃細膩，對偶精巧，平仄遞用、平仄交錯、平仄對立，更難得平仄相黏了，拗句只有「好風日」爲「仄夾平」，「魚暫飛」爲「平夾仄」外，全詩具有唐律的規範。

總之，庾信〈詠畫屏風詩二十四首〉在形式雖是五言八句或十句，押得都是平聲韻腳，平仄遞用合律句佔很大的比率，八句中間兩兩對偶，已具有唐律規範，爲唐詩的繁榮作了必要的準備。

三、結語

庾信〈詠畫屏風詩二十四首〉原爲詠屏風的詩，但因屏風上有畫，乃將詩的重心放在吟詠畫上，這二十四首詩就成了詠畫式的題畫詩。34

清·倪璠〈詩注〉云：「子山〈詠畫屏風詩二十四首〉，其畫不一，蓋雜詠之也35。」其畫中圖樣多種：有詠樓台苑園、歌衫舞影、山水、搗衣、採蓮、遊仙、隱士、出獵等，這二十四首詩作雖是五言古詩，體裁已具唐律規範。詩人以圓熟的技巧把畫面的內容和奇想縮聯在一起，既不脫離畫面，又別添情趣36，可謂「徐、庾」體的另一貢獻37。看詩的內容、情調與詩風或許是庾信在南朝梁時的前期作品。

庾信〈詠畫屏風詩二十四首〉充分發揮了詩的長處，與畫相配，相得益

彰，內容雖不足道，但在南北朝的題畫詩家以北周庾信最爲著名。38

【附　註】

註1：參見《周書》卷四十、列傳第三十三、《北史》卷八十三、列傳第七十一〈文苑
　　　・庾信傳〉：「時肩吾爲梁太子中庶子掌管記。東海徐摛爲右衛率，摛子陵及信
　　　並爲抄撰學士，父子東宮出入禁闥、恩禮莫與比隆，既文並綺豔，故世號爲徐庾
　　　體焉。當時後進，競相模範，每有一文，都下莫不傳誦」（北史頁 1243）藝文
　　　印書館據清乾隆武英殿刊本景印。

註2：參見北周庾信撰，清・倪璠注《庾子山集注》第一冊〈滕王迴原序〉頁1，台灣
　　　中華書局印行，民國 69 年 11 月台二版。

註3：參見《北史》卷八十三、列傳第七十一〈文苑・庾信傳〉頁 243。

註4：參見《隋史（書）》卷三十五、〈經籍志四〉第二十卷別集：「後周開府儀同庾
　　　信集二十一卷並錄」頁 530。

註5：同註 2 頁 1（上）。

註6：同註 2。許逸民校點《庾子山集注》第一冊〈校點說明〉頁 4，大陸，中華書局。

註7：同註 2 頁 1（上下）。

註)8：同註 2 及《隋書》卷五十八、列傳第二十三〈魏澹傳〉頁 7021。

註9：邱淑珍：《庾信詩研究》（台中市，私立東海大學中國文學研究所碩士論文，民
　　　國 80 年 4 月）頁 45。

註10：關於庾信〈詠畫屏風詩〉有二十四、二十五首二種，由於所據版本不同，如《百
　　　三家集・庾開府集》所收〈詠畫屏風詩二十五首〉，而清・倪璠注《庾子山集
　　　注》卷四收二十四首，本文所論以倪本爲主，故採二十四首之說。

註11：鄒紀萬：《魏晉南北朝史》（台北市：衆文圖書公司，民國 79 年 11 月二版）
　　　頁 193。

註12：廖慧英：《唐題畫詩研究》（台中市，東海大學中國文學中文研究所碩士論文，
　　　民國 80 年 4 月）頁 31。

註13：洪順隆：《六朝詩論》（台北市，文津出版社，民國 74 年 3 月再版）頁 18-21。

註14：鄭文惠；《詩情畫意——明代題畫詩的詩畫對應內涵》（台北市，東大圖畫公
　　　司，民國 84 年 4 月初版）頁 71。

註15：同註 13 頁 51。

註 16：同註 9 頁 45。

註 17：（日）青木正兒著〈題畫文學及其發展〉《魏仲佑譯中國《中國文化月刊》，文化月刊》（東海大學編印，民國 69 年 7 月）頁 81。

註 18：劉大杰、鄭振鐸、葉慶炳所著《中國文學史》一致認為〈詠畫屏風詩二十四首〉為南朝梁時作品。

註 19：同註 2 卷四詩頁 27（上）。

註 20：同註 13 頁 11。

註 21：葛曉音：〈庾信的創作藝術〉《中州學刊》（1982 年第四期）頁 80。

註 22：王次澄：《南朝詩研究》（台北市，私立東吳大學出版，民國 73 年 9 月初版）頁 97-100。

註 23：孔壽山：《中國題畫詩大觀》（蘭州市，敦煌文藝出版社，1997 年 12 月第 1 版）頁 51。

註 24：丁炳戶：《古今題畫詩賞析》（天津市，天津人民美術出版社，1991 年 5 月初版）頁 1。

註 25：李栖：《兩宋題畫詩論》（台北市，台灣學生書局，民國 83 年 7 月初版）頁 78。

註 26：同註 17，日本學者青木正兒：「題畫詩是畫贊與詠物詩二者會合的結果」。

註 27：同註 12 頁 4。

註 28：同註 12 頁 475。

註 29：同註 25 頁 78。

註 30：《詩詞曲作法》（台北市，宏業書局，民國 74 年 3 月出版）頁 18。

註 31：劉躍進《永明文學研究》（台北市，文津出版社，民國 81 年 3 月初版）頁 147。

註 32：同註 30 頁 41。

註 33：同註 30 頁 6。

註 34：李栖：〈唐題畫詩初探〉《高雄師大學報》（第五期，民國 83 年 3 月）頁 28。

註 35：同註 19 頁 27（上）。

註 36：駱玉明、張宗原：《南北朝文學》（合肥市，安徽教育出版社，1991 年 8 月第 1 版）頁 194。

註 37：葉慶炳《中國文學史》（台北市，廣文書局，民國 54 年 11 月初版）頁 165。

註 38：李栖：《兩宋題畫詩論》（台北市，台灣學生書局，民國 83 年 7 月初版）頁 27。

參考書目

中國《中國詩詞發展史》台北市，民文出版社，民 65 年 3 月台一版。

李栖：《題畫詩散論》台北市，華正書局，民 82 年 2 月初版。

李栖：《兩宋題畫詩論》台北市：台灣學生書局，民 83 年 7 月初版。

衣若芬：《蘇軾題畫文學研究》台北市：文津出版社，1999 年 5 月初版。

孔壽山：《中國題畫詩大觀》蘭州，敦煌文藝出版社，1997 年 12 月第 1 版。

戴麗珠：《詩與畫之研究》台北市，學海出版社，民 82 年 3 月初版。

鄭文惠：《詩情畫意——明代題畫詩的詩畫對應內涵》台北市，東大圖書股份有限公
　　　　司，民 84 年 4 月初版。

臺靜農：《百種詩話類編》台北縣藝文印書館，民 63 年 5 月初版。

丁炳戶：《古今題畫詩賞析》天津市，天津人民美術社，1991 年 5 月初版。

洪順隆：《六朝詩論》台北市，文津出版社，民 74 年 3 月再版校訂。

劉大杰：《中國文學發展史》台北市，華正書局，民 65 年 12 月初版。

鄭振鐸：《中國詩史》明倫書局，台北市。

葉慶炳：《中國文學史》廣文書局，民 54 年 11 月初版。

　　　　《中國文學史》上下冊，台北市台灣學生書局，民 54 年 11 月初版，民 73 年
　　　　9 月學 3 版。

廖慧美：《唐代題畫詩研究》東海大學中國文學研究所論文，民 80 年 4 月
　　　　期刊論文。

李栖：〈唐題畫詩初探〉，《高雄師大學報》民 83 年 3 月第 5 期。

青木正兒馬導源譯：〈題畫文學之發展〉，《大陸雜誌》民 40 年 11 月 30 日出版，第
　　　　三卷第十期。

鄭騫講述劉翔飛筆記：〈題畫詩與畫題詩〉《中外文學》民 68 年 11 月號第八卷第六期
　　　　〈題畫文學及其發展〉《中國文化月刊》民 69 年 7 月出版。

從〈念奴嬌・赤壁懷古〉探索東坡
謫黃時之心境與詞風的突破

古苓光

人文及社會科學科講師

摘　　要

　　蘇東坡一生最大的境遇轉折，是因烏台詩案貶於黃州後。〈念奴嬌・赤壁懷古〉是東坡被貶黃州時豪放詞的代表作，也是千古傳頌的名篇佳作。宋神宗元豐五年（西元一〇八二年），東坡貶黃州第三年秋冬之際，將寫作焦點瞄準「赤壁」，以抒發其正值壯年，卻經歷了生死交關的掙脫及有志難申之鬱抑，經過時間的沉澱與哲理禪機的參悟萃煉後，他將生命的重心擺在文學的創作上，尤其是在詞學上的表現，其豪爽的性格與豁達的人生觀而創作出文學上璀璨的明珠，更確立了他為豪放詞之祖的地位。

　　關鍵詞：東坡、赤壁、烏台詩案、黃州、豪放詞

壹、前言

　　文學史上一提到宋詞，尤其是豪放詞，就會讓人浮現出東坡赤壁懷古中「大江東去，浪濤盡……」之壯闊奔放的氣勢，並將它視為豪放詞的代表作。也因此東坡被尊為豪放詞派的開山祖師，他的詞洗刷了晚唐五代詞的綺艷餘風，也有別於當時盛行的「柳永風」。在傳統的觀念中，詞以表現舞筵歌場、閨情離思的內容為正體。而東坡卻能首先開拓了詞體的題材，凡能寫進詩的社會和生活題材如遊獵、登覽、懷古、感遇等皆可入詞，表現出獨具個性的人生體驗和思想感情。所謂「以詩入詞」，也就是將詞作為一種隨意

抒情寫景、無事不入的新詞體，即「無意不可入，無事不可言」（劉熙載《藝概》）。再者，東坡亦開創了清曠豪邁的詞風，讀其詞「使人登高望遠，舉手高歌，而逸懷浩氣超乎塵垢之外。」（胡寅〈酒邊詞一序〉）。東坡詞的題材豐富，詞風的獨樹一格，是用其生命的歷練和智慧的累積所創造出來的。本文將從〈念奴嬌・赤壁懷古〉一詞，探索東坡在貶謫黃州短短五年中，卻能衝破政治的圍籬而創造了文學的高峰。

貳、宦海浮沉與烏台詩案

　　東坡生於宋仁宗景佑三年（西元一〇三七年），卒於宋徽宗靖國元年（西元一一〇一年）。歷經了北宋仁宗、英宗、神宗、哲宗、徽宗五個朝代。當時的北宋王朝在表面上是經濟繁榮的太平盛世，實質上卻已是危機四伏而急遽發展的社會。

　　東坡自幼聰穎過人，才氣橫溢，七歲知讀書，八歲入天慶觀從道士張易簡讀小學，十歲父親蘇洵赴京師遊學，由母親程夫人親自教他讀書，十六歲時，已博通經籍史著，揮毫成文，一日間可寫出洋洋數千言文字。二十一歲（仁宗嘉佑元年）時與弟弟蘇轍在父親蘇洵的陪伴下赴京參加科舉考試，兩兄弟同時入榜，翌年春又一舉進士及第。而此次的主考官是歐陽修和梅堯臣，當歐陽修讀到東坡寫的〈刑賞忠厚之至論〉時，非常讚賞，以為是自己的學生曾鞏的作品，本想取為第一，但為避嫌，而列為第二。殿試時，歐陽修曾對時人說：「吾當避此人，出一頭地」。後來蘇軾、蘇轍兄弟便拜歐陽修為師。此時二蘇兄弟正要步入仕途，家鄉卻傳來母親程夫人病逝的噩耗，蘇家父子三人便趕緊回鄉料理亡母的喪事。按當時喪禮，兒子為父母必須服孝兩年零三個月以上，這期間不能任官職。

　　仁宗嘉佑四年（西元一〇五九）服喪期滿，父子三人帶著家眷，又一次離鄉赴京。嘉佑六年東坡獻上二十五篇〈進策〉，提出許多改革的主張，在歐陽修的推薦下參加制科考試。是年舉行賢良方正能直言極諫科的考試，蘇軾以三等，蘇轍以四等的成績分別考中。相傳當時仁宗皇帝滿心歡喜地向皇后道：「朕為子孫得兩宰相。」仁宗說的正是蘇軾、蘇轍兩兄弟。

　　雖然仁宗以為找到了兩位未來的宰相，但現任的宰相卻容不得這未來的宰相。自宋初以來，制策能夠進入三等的，只有吳育和蘇軾兩人。按理說，

應是翰林院的當然人選，但只授與大理評事的官階和鳳翔府判官的職務。鳳翔府位在陝西西部，與甘肅南邊的西夏為鄰，雖說雙方簽了合約，宋朝政府每年「賜」給西夏白銀七萬兩，絹十五萬匹，茶葉三萬斤，以換取邊境的安寧，但西夏人越境劫掠之事時常發生，將一位以文章著名的才子放到此地當副首長，不能說當權者是在進行某種報復，既然年輕人沒吃過苦，那就讓他嚐嚐吧！從童年起兄弟倆一起進州學，一起隨父親進京考試，又一起回鄉奔母喪，一起二度出川，一起應制科，雖不能說形影不離，卻也同進退。此次東坡赴鳳翔上任是兄弟倆第一次分離，從此之後也就各奔前程，但兩人感情深厚，實在是難分難捨。蘇轍從開封一路將哥哥送過鄭州，在兄嫂的一再勸說下，才揮淚掉頭，踏雪東歸。在權貴眼中來看，將東坡發放鳳翔，是對他狂妄不羈的懲罰；但對東坡而言，去關中卻是求之不得。有道是：好男志在四方。大凡血氣方剛，抱負不凡的年輕人，都希望到邊疆去，才能夠體現自我的價值，成就一番轟轟烈烈的功績。況且逼近西夏的地方，正有東坡從小景仰的大文豪范仲淹在駐守。初入仕途，就能派駐關中，誰說不是天意的安排呢？

宋神宗熙寧二年，蘇軾三十四歲。當時的宰相王安石提出新法的變革，東坡與其弟對王安石的新法，提出許多不同的意見和看法，那時的王安石雖覺得東坡的意見與自己相左，但為了減少摩擦，便派他去兼任開封府推官，想讓他陷入繁雜的公務，無力旁騖。熙寧三年，蘇軾連續進呈了〈上神宗皇帝書〉、〈再上神宗皇帝書〉和〈擬進士對御試策〉等文章，全面展開對新政的批評。並將矛頭直指主持新法的王安石，認為只有罷黜王安石與撤散其黨，朝廷之事才能有所作為。此時東坡的政治見解偏向守舊派，但在實質上無論從應制舉時所寫的進策等文章，還是從變法失敗後所說的公道話來看，卻又不能將他與保守派畫等號。因此就被捲入統治階級內部激烈鬥爭的政治漩渦中。熙寧四年六月，為了避開攻擊的鋒芒，提出離開朝廷到地方任職的請求，神宗批示任杭州通判。而後知密州、徐州、湖州等地。

烏臺詩案發生於元豐二年（西元一○七九）六月，權監察御史里行何正臣、舒亶、國子博士李宜、御史中丞李定等人先後四次上章彈劾蘇軾。摘錄一些詩文指控東坡「愚弄朝廷」、「指斥乘輿」、「無尊君之義，虧大忠之節」。神宗即下令御史臺查辦。而曾因母去世卻貪戀官位，匿喪不報，被東

坡指爲不孝的李定擔任法庭檢察官，逮到機會立即派人於八月十八日至東坡
湖州任所將他逮捕入獄，訊問之初，東坡仍堅持政治生涯中雖有兩次小過
失，卻無大過失而一直自稱無罪。蘇軾在獄中已連續受審訊兩個多月，但在
有心人士的穿鑿附會，羅織誣陷，急切逼供下，最後還是簽了口供「入館多
年，未甚擢進，兼朝廷用人多是少年，所見與軾不同，以此撰作詩賦文字譏
諷。意圖衆人傳看，以軾所言爲當。」（宋史）當時作爲主要罪證之《蘇子
瞻學士錢塘集》三卷，今已不傳，但從宋、清學者所收錄之被指控爲攻擊新
法的詩文中，有一則是描寫兩棵老檜樹的律詩，詩中有「根到九泉無曲處，
世間惟有蟄龍知。」被指爲是侮辱皇帝，因「龍」象徵在位的皇上，只能說
「飛龍在天」而不能說「龍藏地泉」，指控之荒謬，令人無奈。後幸有曹太
后的愛才與張方年、范鎮及子由等極力營救，最後連退職的王安石也出來
說：「豈有聖世而殺才士者乎？」使得李定等人的心思是白用了，懸在東坡
頭上的利刃終於移開。元豐二年十二月二十八日，神宗皇帝下詔，赦免東坡
的死罪，蘇軾貶爲黃州團練副使，本州安置，不得簽署公事。歷時一百三十
天的文字獄—烏臺詩案終告落幕。經歷如此重大的打擊與刺激，並未令東坡
對文字感到畏懼，出獄時寫了兩首詩，其一爲：

> 百日歸期恰及春，餘年樂事最關身。
>
> 出門便旋風吹面，走馬聯翩鵲啅人。
>
> 卻對酒杯渾似夢，試拈詩筆已如神。
>
> 此災何必深追究，竊祿從來豈有因

顯示東坡能以佛家之「平常心」來面對這一場大災難，而將此一遭遇視爲官
場上司空見慣，不足爲奇的現象而已。接著又寫了第二首詩爲：

> 平生文字爲吾累，此去聲名不厭低。
>
> 塞上縱歸他日馬，城東不鬥少年雞。
>
> 休官彭澤貧無酒，隱幾維摩病有妻。
>
> 堪笑睢陽老從事，爲余投檄向江西。

長子蘇邁讀了此詩，嚇得哀求道：「父親，詩是作不得的了！」東坡卻
嘆云：「我真是無可救藥呢！」可見東坡是個有所堅持的讀書人，明知「平
生文字爲吾累」，卻仍要掘強的不放棄「詩筆」要以無畏心繼續的吟詠人
生。

　　元豐三年（西元一〇八〇）二月，在蘇邁的陪同下，走陸路抵達黃州（湖北黃崗），開始幾近流放的生活。在〈初到黃州〉詩中云：「自笑平生為口忙，老來事業轉荒唐。長江繞郭知魚美，好竹連山覺筍香。逐客不妨員外置，詩人例作水曹郎。只慚無補絲毫事，尚費官家壓酒囊。」，如此困厄的處境中，卻能坦然處之。初至黃州連房舍都沒有，便寄居於定惠院，後來夫人攜眷相會，太守禮遇有加，特准居住於臨皋亭（原是長江水路來往官吏休息的驛站），但全家十口之生計是窮困難度的。他每月初一領薪時即將四千五百文錢分成三十串掛在屋樑上，每天拿下一串作為開支，有餘錢就藏在大竹筒裏，以便招待客人之用。過了一年，舊交馬正卿替他向政府請了一塊數十畝的荒地，在郡城舊營的東邊，開始過著躬耕自給的生活，因而想起白居易任忠州刺史時，曾有〈步東坡〉詩云：「朝上東陂步，夕上東陂步，東陂何所愛，愛此新成樹。」因而將此地取名為「東陂」，自稱「東坡居士。」元豐五年初（西元一〇八二），又得友人資助，於東坡新建草堂五間，四壁繪有雪景，名曰「雪堂」，作為東坡勞動遊憩或客人暫居之所。既被本州安置，不得離開黃州，因此每天除了挑水種菜外，就是邀遊附近的山水、喝酒賞花聽鳥或寫些詩詞文章酬答各地的朋友，頗能苦中作樂。此時東坡遭受政治迫害的心境，似乎從桑麻田野間得到一些慰藉，也經常邀好友泛舟遊江覽勝，許多膾炙人口的作品都是這個時期的創作，尤其是三詠赤壁的篇章應是流露他在黃州時期思想漸趨成熟，及對生命意義的重新思考與探尋的表現。

　　元豐八年（西元一〇八五）神宗駕崩，哲宗即位。皇太后高氏聽政，司馬光重新為相，對東坡特別賞識，任他為登州知州，接著又改任起居舍人。元祐元年升翰林學士，知制誥，侍讀，龍圖閣學士，東坡再三推辭不成，只好上京就任。此時東坡對為官已無興趣。之後的一、二年是他一生仕途中最平步青雲，節節高昇的時期。但當他被召回京後，發現實施十幾年的新政，有一部分已有相當的成效。而守舊派的司馬光上任後卻全面的廢除新法，力行所謂的「元祐更化」。東坡原本也是反對新政的，但他做事是對事不對人，這時他的政治傾向是維護某些新法，從而與司馬光發生激烈的衝突。東坡不想再度捲入政治的紛擾中，同時也覺得守舊派的人在嫉妒他，再次的自請外調杭州。

　　哲宗元佑四年（西元一○八九）三月，東坡以龍圖閣學士之職，再度自請外調杭州，此次因官職較高，權責較大，而有較多的機會為百姓做事。首先興建水利，開河濬湖，整治西湖，取湖中葑草、淤泥築成一條長提，南北長三十里，杭州百姓稱之為「蘇公提」，賑災救荒，以拯世濟民、與人為善的精神和任性適情的靈活態度帶來政治上的佳績。元佑六年（西元一○九一）二月，東坡接奉調回京詔令，被任為翰林學士承旨兼侍讀，離杭赴京途中，連上三道狀子請求辭免此官，然高太后主意已定，只好接受朝廷的安排。一進京城，迎接他的是一連串猛烈的攻擊，原因是過去在朝中不但得罪於新黨，保守派中也有不少人視他為政敵，而不斷的攻擊他。為避其鋒芒，再次請求外任，雖有正義的官員為他辯護，而東坡仍繼續要求外任，終於在同年八月得到詔令任穎州知州，後移鞍州、揚州，知揚州半年又被召回京，元佑七年（西元一○九二）十一月升為端明殿學士兼翰林侍讀學士、理部尚書，達到一生最高官位。次年八月繼室王夫人去世，東坡二度喪妻，加上多病纏身，種種的折磨集於一身，但他連眉頭都不皺，於九月出京赴定州任，又踏上浮浮沉沉的仕宦之路。

　　紹聖元年，東坡被貶知英州，正在途中朝廷欽差快馬傳旨，詔曰：「知英州蘇軾，責授寧遠軍節度副使，惠州安置」，如此一貶再貶，真夠凄涼。此時東坡已五十九歲，年老體衰，然其生性曠達，胸無芥蒂，安於淡泊，很有陶潛南山悠然的氣象。即使遠謫嶺南仍可照常讀書、作詩、填詞、繪畫，只可惜此時朝雲因水土不服患病而死。年僅三十四歲。臨終誦《金剛經》六如偈：「一切有為法，如夢幻泡影，如露亦如電，應作如是觀。」東坡撰〈朝雲墓誌銘〉，給予「敏而好義，事先生二十三年，忠敬若一」的高度評價。 惠州無房可租，東坡始終沒有固定的住所，眼見北歸的希望愈來愈渺茫，也愛上此地的優美景色，便拿出所有積蓄建了座新居，以和陶潛、柳子厚的詩文自遣，稱他倆為「南遷二友」，閒暇時，策杖探幽，吟詩填詞，苦中作樂。有一次，寫了一首七言絕句〈縱筆〉，描寫謫居生活以自我解嘲：

　　　　白頭蕭散滿風霜　　小閣藤床寄病客
　　　　報道先生春睡美　　道人輕打五更鐘

　　而此詩傳到京師，卻被仇家認為又在譏諷朝政，以為他生活太悠閒、舒適，沒有達到譴責的目的。紹聖四年（西元一○九七）接到貶儋州（海南

島）的詔令。東坡到達儋州，百姓都來替他挑土填泥建造房子，見到如此濃厚的人情味，東坡曠達的性格又流露，而引發了他恢弘的想像和局勢將變，北歸有望的預感。可知東坡儘管能超然物外，榮華富貴兩忘，但遠謫異鄉懷歸思家之情，自是不能免。

　　元符三年（西元一一〇〇）哲宗駕崩，其弟徽宗嗣位，母向太后攝政。被流放的元佑大臣全部獲赦復職或升遷。五月，東坡接到赦令，移廉州安置。東坡終於踏上歸途，在渡海的船上完成了最後一首、也是壓卷的海南詩〈六月二時日夜渡海〉。以凌雲健筆，為自己繪製了「久死南方吾不恨，茲游奇絕冠平生」的豪邁寫真。六月過瓊州至雷州，一路北行，一道道赦令讓他的歸途愈走愈愉快。徽宗建中靖國元年（西元一一〇一）一月，向太后病逝，徽宗親政，元佑老臣又被排斥。東坡決計定居常州，此時，已在路上走了將近一年，家人都已疲憊，於是決定不走陸路，改乘船直達常州。船到眞州時，東坡病倒了且意識到大限將近，一到常州，立即上奏章請求守本官致仕，得到朝廷允准。七月病情加重，二十八日去世，得年六十六歲。東坡一生顛沛困頓，卻能以卓越的智慧將其幻化成不朽的文學創作，近十世紀來撫慰了無數的子子孫孫，也是一顆永不殞落的巨星。

參、謫居黃州的心境

　　烏台詩案落幕，東坡被貶為黃州團練副使，本州安置，不得簽書公事。在此境遇中迫使東坡深刻意識到自己無罪，卻硬要強迫承認有罪，是極為悽愴與無奈，繫獄一百三十天的事件在人格和尊嚴上的打擊更是沉重的。面對突來的橫禍，東坡的內心當然是充滿悲痛與恐懼。元豐三年二月一日，東坡在長子蘇邁陪同下抵達黃州，家眷則留置於蘇轍處，親朋故交也都紛紛退避，所去信函都如石沉大海，心靈的創傷就更為激烈。所幸東坡是生長在一個儒家思想濃厚的家庭，從小就受到儒家積極用世、捨身報國的精神感召，一生都努力超脫痛苦的情結。黃州之前，也已對佛老有深入的接觸。在密州所做〈超然台記〉中，以自身的經歷和體驗，展現其曠達處世的人生態度。文章開始即點出：

　　　凡物皆有可觀。苟有可觀，皆有可樂，非必怪其偉麗者也。餔糟啜醨，皆可以醉；果蔬草木，皆可以飽，推此類也，吾安往而不樂？

　　此一〝超然物外，無往而不樂〞的觀點，與佛家的〝隨緣〞思想結合起來，使東坡善於將感情融注於發現客觀事物的美感中，而忘卻自己的得失與煩惱，也讓他在貶謫的道路上能夠隨遇而安。

　　因此初到黃州時，是東坡精神最悲苦的時段，為克服人生的憂患，他試著從習佛談禪中找尋精神的慰藉。也體會到光有儒家經世致用的理想是不行的，必須輔以出世的道家思想，才能使身心平衡。初到黃州，與王鞏（定國）的書信中津津樂道於談養練之術，也經常與滕達道、李公擇、陳季常等人研討心得。元豐三年十二月在〈答秦太虛〉說：

> 吾儕漸衰，不可復作少年調度，當速用道書方術之言，厚自養煉。謫居無事，頗窺其一二。已借得本州天慶觀道堂三間，冬至後，當入此室，四十九日乃出……其但滿此期，根本立矣。此後縱復出從人事，事已則心返，自不能廢矣。

　　老子說：「吾所以有大患者，為吾有身。」《莊子・知北遊》亦云：「汝身非汝有也，汝何得有夫道？」東坡則曰：「人之為患以有身，身之為患以有心」（〈雪堂紀〉）又曰：「長恨此身非吾有，何時忘卻營營？」（〈臨江仙〉）。可知東坡對老莊虛靜、無為的道家思想早有涉略，然此時對佛家講空、講解脫更為熱衷。元豐七年（西元一〇八四）即將離開黃州赴汝州時寫的〈黃州安國寺記〉即清楚的記載當時學佛的情形：

> 元豐二年十二月，余自吳興守得罪，上不忍誅，以為黃州團練副使，使思過而自新焉。其明年二月，至黃，舍館粗定，衣食稍給，閉門卻掃，收召魂魄，退伏思念，求所以自新之方，反觀從來舉意動作，皆不中道，非獨今之所以得罪者也。欲新其一，恐失其二。觸類而求之，有不可勝悔者。於是，喟然嘆曰：「道不足以御氣，性不足以勝習。不鋤其本，而耘其末，今雖改之，後必復作。盍歸誠佛僧，求一洗之？」得城南精舍曰安國寺，有茂林修竹，陂池亭榭，間一二日輒往，焚香默坐，深自省察，則物我相忘，身心皆空，求罪垢所從生而不可得。一念清淨，染污自落，表裡翛然，無所附麗。私竊樂之，旦往而暮返者，五年於此矣。

　　貶謫的日子中，權力雖被剝奪了，反而贏得更充裕的時間，反思生命的脆弱與短暫，也讓他找到了排遣苦悶的精神武器——從佛老思想中超脫人生

的苦惱，而求得解脫。

　　東坡對禪宗的真諦已深有了悟。禪宗認為，人類之所以有無窮的煩惱，正是因為有了區別心的結果。所謂的生死、得失、富貴、壽夭、貴賤、進退、高下，諸如此類的種種概念都是由區別心產生出來的，因而使人總是處於無限的煩惱之中而無法自拔。所以禪宗認為人們想要去除煩惱，就必須以〝平常心〞來面對週遭的一切；即在從事任何一種事業時，都能以無區別心來對待所從事事業之成敗得失。東坡在黃州寫之〈與子明兄一首〉中說：「吾兄弟俱老矣，當以時自娛。世事萬端，皆不足介意。所謂自娛者，亦非世俗之樂，但胸中廓然無一物，即天壤之內，山川草木蟲魚之美，皆是供吾家樂事也。」在黃州，他不憚勞苦的手抄《圓覺法華經》、《金剛經》，並為自己取名號為〝東坡居士〞。居士，即是在家修行的人。可知其對佛理有更多的體認。但是，東坡處在以儒家為正統的封建時代，接受的是儒家的正統思想培養出來的知識分子。他堅持儒家〝固窮〞的原則，又做起《易》、《書》、《論語》等儒家經典的注釋。在〈上文潞公書〉中說：「到黃州，無所用心，輒復覃思于《易》、《論語》，端居深念，若有所得，遂因先子之學，作《易傳》九卷，又自以意作《論語》五卷。」可以看出，歷經仕途的坎坷，內心充滿矛盾、痛苦、憤怒、絕望、無可奈何中，東坡卻能融合儒釋道三教合一的思想，而形成了他對人生的認識有更超脫的體認，養成了靜達的人生態度。但由於東坡過人的智慧，並未投入任何一種宗教信仰，而是將儒家的弘毅精神與道家的無為無不為的思想和佛家的脫俗超世之境圓融的貫穿於自身，以外儒內道的形式，在失衡的社會上找到了生存的支撐，以一種超脫曠達、傲世超然的心態立足於世。因此，他的志向與興趣本之於儒家，而思維方式則本之於道家。他以儒家作為治世之具，以道家作為修身之術，以佛家作為安身之法，用開放兼容的態度，取三家之精義，通過他複雜的心理世界，建構出一個博大精深的思想體系。此一人生體系使他盡情的享受到一些生命的娛悅，也讓他在黃州的創作，呈現出曠達適意而隱現憂傷的特色。

肆、赤壁懷古與詞學上的成就

　　黃州時期的東坡，在人生的逆境中，反思沉潛，參用佛老，又堅持住儒

家的思想，樹立了中國文人思想的典範。黃州之前，東坡的詩文已取得很高的成就。他是以詩文得罪的，因此，到黃州後詩文的數量就減少了。而詞在當時則爲小道，不易引起政敵的關注。黃州之貶，乃使他特別注重詞的創作，也推動了他過去業已開始的對於詞的革新，因此，詞就成爲最能代表他在黃州的創作實績。詞本爲〝豔科〞，婉約柔媚爲其傳統，東坡以前的詞壇是婉約派的天下，充斥著征歌選舞、滴粉搓酥的作品，內容是狹窄的。但這位不羈的天才早就嘗試打破藩籬了。他以卓異的天才、廣闊的視野、曠達的性格、奔放的熱情、精博的學識和對人與大自然的深沉感情，來揮灑那枝凌厲無比的詞筆，擴大了詞的題材和內容。他幾乎無所不寫：遊仙、詠史、宴賞、登臨、悼亡、送別，以至田園風光、哲理探討、禪機參悅，都一一攝入詞筆，呈現出絢麗輝煌的畫面；即是以詩入詞。風格上除了豪放外，還有婉約的、穠麗的、俊秀的。詞在東坡的筆下由〝樽前〝〝花間〞，走向了廣闊的人生社會如〈水調歌頭‧明月幾時有〉：

> 明月幾時有，把酒問青天。不知天上宮闕，今夕是何年？我欲乘風歸去，又恐瓊樓玉宇，高處不勝寒。起舞弄清影，何似在人間！ 轉朱閣，低綺戶，照無眠。不應有恨，何事長向別時圓。人有悲歡離合，月有陰晴圓缺，此事古難全。但願人長久，千里共嬋娟。

這是作於密州太守任上，與在齊州的弟弟蘇轍骨肉分離，遠隔他鄉，已有七年未見，妻子王弗死去也十年了，政治上和家庭生活都很不得意，中秋對月，千里懷人，心情自然是鬱鬱的，但字裡行間仍然充滿著堅強、樂觀的生活意志。〈江城子‧密州出獵〉「持節雲中，何日遣馮唐。會挽雕弓如滿月，西北望、射天狼。」是最早將武備的題材帶入詞中。將農村題材引入詞中，如〈浣溪沙〉：

> 麻葉層層檾葉光。誰家煮繭一村香。隔籬嬌語絡絲娘。
> 垂白仗藜抬醉眼。捋青搗麪軟飢腸。問言豆葉幾時黃。

勤勞活潑的絡絲女工，主仗緩行的老人和捋青充飢的貧苦農民的形象真實而鮮明。但僅憑這些還是夠不上一個偉大的詞人。黃州之後，詞便成了他思想感情的重要記載，編年收錄這時期創作的詞，就有六十餘首，占他詞作的大部分。（根據唐玲玲、石聲淮著《蘇東坡編年箋注》）而且在詞中顯現的高曠適意的新境界，是他在詞的創作上；也是詞史上的一個高峰。

　　元豐五年（西元一〇八二），東坡已經四十五歲了，卻身貶黃州，報國無門，常為年華虛度而感嘆，這年七月寫下〈念奴嬌‧赤壁懷古〉，雖是壯志難酬的慨嘆和對現實不滿與希望的佳作，然詞中對赤壁景色的描繪，對英雄人物的刻畫，壯麗雄闊，有強烈的感人力量。也因此確立他成為豪放詞開山祖的地位。

　　　　大江東去，浪淘盡，千古風流人物。故壘西邊，人道是，三國周朗赤壁。亂石崩雲，驚濤裂岸，捲起千堆雪。

　　　　江山如畫，一時多少豪傑。遙想公瑾當年，小喬出嫁了，雄姿英發。羽扇綸巾，談笑間，強虜灰飛煙滅。故國神遊，多情應笑，我早生華髮。人間如夢，一尊還酹將月。

　　東坡貶官黃州的第三年秋，遊於黃州城外的赤鼻磯，面對如畫的江山，憑弔古蹟，緬懷古代的英雄人物，可以想見，他佇立江邊弔古撫今，徘徊不已，感慨萬千，悲憤、激動的心情久久不能平息。暮色漸暗，月亮升起，仰望蒼穹，令他不禁想到，曾有過像明月一般高潔的理想，而今卻在殘酷的政治現實中，被摧殘得不堪回首。此情此景，他覺得沒有人能理解其內心的痛苦，只好將滿腔的悲憤向大自然的〝江月〞與〝古人〞來傾訴。這是將道家〝萬物一體〞與佛家〝時空統一〞的觀念融入他的智慧中，而說服了自己——從失落、無奈而澎湃的心境，轉入隨緣自適的境界。

五、結論

　　蘇東坡的名字可稱得上是世界級的了。他在中國文學史上更是稀有的全才，詩、文、書、畫無不精通。他是出身世族的地主家庭，性情剛直，絕不委屈取容，以及成名得很早，使得在仕途上一直被捲入激烈的黨爭漩窩中，一生經歷了兩次「在朝—外任—貶居」的過程。東坡自幼受到傳統的儒家思想教育，儒家的三不朽古訓，讓他早期的人生目標，充滿了「奮厲有當世志」的使命感。儒家的淑世精神是東坡一生前進的主軸，雖有偏斜起伏，卻貫串始終。而道家的遁世、佛家的出世精神與儒家的窮獨融會貫通，使這位聰穎超常的智者，對人生憂患的感受和省察，比前人更加深微。尤其是他少年得志，先經順境再歷逆境，榮辱、禍福、窮達、得失之間落差鮮明，使他嘗盡人世間的酸甜苦辣，若沒有超凡的抗壓力是無法承受得了的。

　　烏台詩案是東坡在仕途上重重的一擊，但在人生的旅程中，卻使他有充裕的時間，深切的認識到外部存在著殘酷又捉摸不定的力量，尤其貶謫後經歷過激烈的感情衝突和心緒跌宕，反而使他更珍惜內在生命的價值，及沉浸在開發自我本性的課題上。

　　黃州時期是東坡在文學創作上的豐收期，〈念奴嬌・赤壁懷古〉是他經歷死亡的恐懼後，濡染了儒釋道三家的菁華，而透過內省的方式，展現出他對是非、榮辱、死生、得失的超越，以淡化苦悶的情緒。

參考書目：

楊家駱主編　《蘇東坡全集》　世界書局。

王水照著　　《蘇軾論稿》　　萬卷樓圖書有限公司。

顏邦逸、張晶著《唐宋八大家列傳—蘇軾傳》　吉林文史出版社。

周篤文著　　《宋詞》　　　　上海古籍出版社。

唯識學的回顧與前瞻

李開濟

政治科學科副教授

摘　　要

　　唯識學是印度哲學的心理學，古稱「瑜伽行派」，建立在彌勒所講的學說上，在印度由世親與無著二兄弟發揚光大，後來唐玄奘西行取經，就是為了研究唯識學。

　　唯識學主張一切世間變化現象只出自一心識，「一切唯識所變現」。此變化根源的主體是 Alaya 阿賴耶識，由主體識變現出我意識與學習意識及其他感官知覺、心理現象、情緒流轉等。

　　從日常的情緒感受溯本追源，回到心識主體，修持方向是轉渾濁的八識為清淨的大圓鏡智、平等性智、妙觀察智與成所作智。「轉識成智」是本學派的宗旨。

關鍵字：阿賴耶、窮生死蘊、瑜伽師、無記、見相四分、法界、眞心、
　　　　　　轉識成智、獨頭意識、不相應行法、藏識、識煖壽、相應。

緒　　論

　　中國大乘佛學中，以唯識學最具有印度哲學風味，蓋天台、華嚴與禪宗雖以佛典爲立宗依據，但在印度本土卻未有宗派出現；而印度大乘佛學的空、有二宗傳來中國後成爲三論宗與法相宗，此二者爲直接承襲印度佛教思想體系，但比較之下又以法相唯識的譯著較爲忠實完備。

　　所謂空、有二宗，「空」指中觀學派（Madhyamika），即龍樹、提婆所著三論及般若系列的思想；「有」指瑜伽行派（Yogacarya），原本此二派在

印度勢力不相上下，但中觀的譯著不如瑜伽多，且譯文亦不如瑜伽之善巧，中觀的後期論著《入中論》雖在印度早享盛譽，卻在中國遲至民國三十一年方始譯出 1，故自南北朝乃至隋唐時代唯識學的興盛超過三論宗。

　　唯識學之所以在隋唐時期興盛其原因至少有三項：

　　1. 思辨性強：著重精深分析。從百法結構到八識功能作用，知識形成過程的見相四分，及三性三無性的體會，在在顯出思維的精細與深入。唯識學有一套治學的方法，即「因明」與「量論」，因明學用於論證結構的分析，量論用在檢查知識之誤正，其所運用的一語一義皆極精審，這種對名相解析的謹慎態度、和治學方法的精湛，其實正是今天所謂的科學精神與邏輯理念。

　　2. 研究心理問題：動機之善惡一曝無遺，對倫理道德有警惕作用。中國儒家基於教化人倫的理念，一向較讚同孟子的性善說，但在隋唐時期天台宗已提出「性具思想」，而唯識學倡談善性、惡性、無記性。所謂惡即是貪、瞋、痴、慢、疑諸種煩惱，這些煩惱是含藏在心體阿賴耶識中的種子，等待機緣成熟而產生作用。《百法》披露諸種心理情緒，種現相生說亦與業力說薰習賴耶有關，而阿賴耶識中的異熟作用明白告示有三種異熟：異時而熟，異類而熟，及變異而熟；此可以予人瞭解因果報應之奧秘。中國佛教八大宗派中唯識學最富有深層心理分析的趣味。

　　3. 學術與宗教合一：唯識學不僅是一門學術，它自身包含從術學到究竟解脫的一個完整體系，從有為法走向無為法，從研究虛妄唯識到轉化心靈，提昇至勝義唯智，它在學問中含有宗教修養，思考唯識之當時已完成心識觀法，此為一殊勝點。

　　此三項特點實即唯識學的價值所在，雖然時空已變，但它的價值在今日一樣令人不容忽視。

本論：壹、唯識學的回顧

一、 印度時期：

1、 原始佛教：

瑜伽行派在印度確立獨特的形態是在佛滅後七百年的事，但若要發掘其

思想來源及演變必得皈溯於原始佛教思想。原始佛教包括佛陀在世及其弟子入滅之前，約在西元前四三一年～西元前三五〇年為止。

《阿含經》中許多地方說到法相與唯識：

⑴五蘊：《雜阿含經》常說蘊、處、界、緣起、食、住等皆為法相，唯識學著作《五蘊論》、《百法明門論》、《集論》等即是解釋五蘊中一切法無我的思想，以明緣生法相，諸法空無我，唯識所變現。

⑵十二緣起：四部阿含皆論及十二因緣，唯識據此建立阿賴耶識，例如《成唯識論》卷八即廣明惑、業、苦三者與十二有支的緣起過程。

⑶四聖諦：唯識學之異熟因即是苦諦；業產生煩惱，是集諦；修五重唯識觀，轉八識為四智，是為道諦；證得菩提、涅槃二轉依果是為滅諦。《瑜伽師地論》、《集論》與《成唯識論》之見道現觀安立諦十六心，正是觀四諦衍生出的。

⑷十二處、十八界：這些法相在《大乘集論》、《五蘊論》中皆廣作解釋，阿含經典偏重因果法則，唯識思想的「種子生現行，現行薰種子。」亦發揮因果之理。

原始佛典與唯識學的差別是：阿含經只提出六識，唯識學有八識。阿含經說：眾生輪迴因煩惱而有業種，入母胎者是第六意識，唯識學認為是第八阿賴耶識。

2、部派佛教

約西元前三五一年～西元後一〇〇年之間，即佛滅後二百年間，此時期由大眾部和上座部分支出十八派，共稱二十派。原始佛教主張緣起論，不承認有一恆存不變的「我」存在，這也是印度哲學中佛教與其他教派不同之點。但釋迦牟尼去逝後弟子們認為「無我空」的思想不容易解釋輪迴受報的主體，因此各家各派逐漸產生意見，以不同的名詞企圖解說主體，以避免「無我空」的矛盾性。例如：

⑴犢子部：提出補特伽羅（Pudgala），即「我」的異名，意譯為「數取趣」，乃不斷招受六道輪迴的主體，它也是記憶的主體，更是認知作用停息時依然存在的主體。具體的描述是：非即蘊我，非離蘊我，這是指補特伽羅不等於五蘊，因為五蘊有生、住、異、滅的變化，補特伽羅是常住不變的，此為非即。一旦離開五蘊補特伽羅又難於認知，它與五蘊之間有著不可分割

的密切關係，故曰非離。既非一又非異，非常非無常，難以用語言文字表示，故名之曰「補特伽羅」，亦名「不可說藏」。

此說一經提出，正量部、法上部、賢胄部、密林山部都支持它，他們認為：設立補特伽羅我是有道理的。

⑵上座部：提出「九心論」說明知識發生的過程 2，心輪的開始與結束都是「有分心」，此有分心又名「有分識」，乃輪迴的主因，通達生與死，基本上即是「我」的主體。

⑶大眾部：提出「細意識」、「根本識」，認為心遍於身，心能執受根身，心就是細意識。此「細心」又能產生六識，此相當於大乘有宗的阿賴耶識能生前七轉識，又名根本識，是認為如樹之依根而存，感官知覺必須依附「根本識」而存活。

⑷化地部：提出「窮生死蘊」，在入無餘涅槃之前，生生世世此蘊不盡，後時色心因此還生，因此它有「種子」的特徵。

⑸說一切有部：「阿賴耶」之名詞在《中阿含經》中出現，如「欣阿賴耶，愛阿賴耶…」，大乘有宗從說一切有部繼承的東西最多，最顯著的是五位百法、四緣、五果，幾乎承襲了它的法相組織。

⑹經量部：提出「一味蘊」、「細意識」，經量部認為：在人體內有一種細意識叫做一味蘊，依此而生長出「根邊蘊」，此一味蘊由受、想、行、識四蘊組合而成，微細難言，藉著它而有輪迴流轉，其實這「一味蘊」就是勝義補特伽羅，意分作粗意識與細意識二種，粗意識明顯可知，細意識隱微難察，後者就是唯識學的阿賴耶識。

經量部除了細意識以外，也提出色心互薰說，種子說，以上這些思想都與唯識學有密切的關係，他們都同意有一個生死相續的心識體，名稱可以不同，它的作用卻不外乎承受業報，感果輪迴、甚而成為涅槃轉依之根本。

3、大乘有宗——瑜伽行派：

印度唯識學派又稱瑜伽行派或大乘有宗，相傳其創始人是彌勒（Maitre-ya-natha），根據唐朝遁倫所撰《瑜伽論記》卷一之上謂：「慈氏菩薩隨無著機，恆於夜分從知足天降於禪院，為說五論之頌，一、《瑜伽論》，二、《分別觀所名》，三、《大莊嚴論》，四、《辨中邊論》，五、《金剛般若論》。」（大正藏第四二冊，頁三一一）列在彌勒名下的漢譯佛典有五部：

⑴《瑜伽師地論》一百卷，唐玄奘譯。

⑵《大乘莊嚴經論頌》十三卷，唐波羅蜜多羅譯。

⑶《辨中邊論頌》一卷，唐玄奘譯。

⑷《分別瑜伽論》未譯。

⑸《金剛般若論》二卷，姚秦鳩摩羅什譯。

無著（Asanga）生於北印度犍陀羅國，約爲西元三三六年～四〇五年時人，原出家於小乘佛教化地部，先修小乘教觀，後學大乘觀行，入定上兜率天從彌勒學習，彌勒爲之說《瑜伽師地論》，無著依此運思架構唯識學體系，著作很多——重要者如下，餘者略之。

⑴《顯揚聖教論》二十卷，乃師地論之略本。

⑵《攝大乘論》說明根阿賴耶識，建立唯識核心。

⑶《大乘阿毗達磨集論》是建立法相的根本。

⑷《大乘莊嚴經論》爲之作頌。

⑸《究竟一乘寶性論》六卷，後魏勒那摩提譯。

⑹《順中論》二卷，元魏般若留支譯。

世親（Vasubandhu）是無著胞弟，約西元三六〇年～四四〇年之間的人，原本篤信小乘佛教，且通達十八部教義，認爲大乘佛教非佛說，後來聽到其兄派弟子在夜間朗讀《華嚴經》的「十地品」，而幡然感悟，改學大乘。他的著作極多，號稱「千部論師」，幾乎對於其兄的唯識思想全部加以注釋，並進一步加以深化推展，重要著作簡列如下：

⑴《十地經論》十二卷，後魏菩提留支譯。

⑵《攝大乘論譯》十卷，共有三種譯本：唐玄奘、隋達摩笈多、與陳眞諦皆各自譯出。

⑶《百法明門論》一卷，唐玄奘譯。

⑷《辨中邊論》三卷，玄奘譯，此有異譯本，眞諦譯。

⑸《大乘五蘊論》一卷，玄奘譯。

⑹《大乘成業論》一卷，玄奘譯，異譯本爲《業成就論》。

⑺《唯識二十論》一卷，玄奘譯。

⑻《唯識三十論》一卷，玄奘譯。

⑼《阿毗達磨俱舍論》三十卷，玄奘譯。

⑩《百論譯》二卷，姚秦鳩摩羅什譯。

　　唯識思想的開展是逐漸推進的，從思想的進程來看起先只有六識，進而有意根、七界，再繼而有阿陀那識、阿賴耶識，更有將染污意名之曰末那識，這些說法是一步一步被加以組織而結構出八識說的體系。在百卷的《瑜伽師地論》漫長的解述過程中，前一半講到：「心謂一切種子所隨依止性，所隨依附依止性，體能執受異熟所攝阿賴耶識。」（《師地論》第一、本性分、意地第二之一），這只是將阿賴耶識配合於心，尚未說明何以會有阿賴耶識？為什麼要成立此識？在五十一卷以後的「攝抉擇分」開始，即提出八項理由以證成阿賴耶的存在：「由八種相證阿賴耶識決定是有」，此八種相是：「執受、初、明了、種子、業、身受、無心定、命終，無皆不應理。」意即以八種功能來說明阿賴耶的存在，如執受、初、明了、種子、業、身受、無心定、命終時，這八種情況不能用普通的心思功能來解釋，必須依靠一微妙的生命底基來承受才成，這生命的底基就是阿賴耶識。此段論證在其後的論著《攝大乘論》與《成唯識論》也一再引用到，這在唯識思想史上是一大建樹。它為本體論與知識論皆做出根本結構體系。

　　然而在心理學方面卻有些問題依然困擾人，因此再繼續研究，發現在生命底基上有一染污的末那識，《師地論》卷五十一有云：「由有阿賴耶識故，得有末那，由此末那為依止故，意識得轉。」「云何建立阿賴耶識與轉識等，俱轉轉相？謂阿賴耶識或於一時，唯與一種轉識俱轉，所謂末那。何以故？由此末那，我見慢等恆共相應，思量行相，若有心位，若無心位，當與阿賴耶識二時俱轉，緣阿賴耶識以境界，執我起慢，思量行相。」此乃提出自我意識的存在行相，它是依附在第八阿賴耶識之上的，有我執、見解、觀念、傲慢、煩惱等等任運而生，此末那識有染污的作用，在世親時代發揮得精深且完整。

　　無著的《攝大乘論》具體地建構了八識學說，世親的《唯識三十論》是簡明地整理前期複雜思想的一種體系書，它只有一百二十句短文，卻含攝有唯識學所依的一切經論思想，先講唯識相，進而深入唯識性，再配合唯識位的次第，以境、行、果的修學程序，建立起嚴謹的組織。

　　世親完成唯識思想時約在西元五世紀中葉，此後二百年間唯識學在印度風行一時，無論教內或教外都受人重視，由於唯識學者都修瑜伽行故被稱作

「瑜伽師」，而此學派就稱做「瑜伽行派」。

當時注釋《唯識三十頌》的有二十八家之多，聞名於世者有十大論師，像創造新因明的陳那論師就是其中之一，他著有《集量論》、《觀所緣緣論》、《掌中論》等。德慧是世親弟子，造《攝大乘論釋》，他主張有本性住種和習所成種，此見解影響護法，使他提出種子本有與新薰的合一論。

安慧造《大乘阿毗達摩雜集論》、《唯識三十論釋》此論梵本已由法籍人士李維（Sylvain Levi）在尼泊爾宮廷中發現，一九二二年譯出，呂澂、霍韜晦二位亦將其梵文譯作漢文，今日可與奘譯世親的《三十論》做對照。

護法與安慧同時代，著有《唯識寶生論》、《四百論釋》與《唯識三十頌釋》等，此二人皆是南印度人，皆傳承唯識思想，但歷史上對於二人誰才是真正世親思想的承襲者都有不同的看法——據西藏人認為，安慧才是真正繼承世親思想的人；但在漢地，由於護法是唐玄奘的直系師祖，故法相宗一向視護法之學為正統。

二、中國時期：

印度瑜伽行派傳來中國後，依年代先後順序，劃分作四階段：

1、師地論：

唯識思想之傳入我國是在世親滅後約五十年，經由西域地方循北路而輸入，北魏宣武帝永平元年（西元五〇八年），中印度僧勒那摩提（Ratanamati）與北印度僧菩提流支（Bodhiruci）在洛陽共同譯出世親的《十地經論》，由於譯者意見不同，遂有南北二道產生：北魏宣武帝特命慧光法師將胡僧譯著糅譯為一，但由於慧光自己的思想較接近勒那摩提，所以承受摩提的成份多些，成為相州南道派。另有名望甚高的道寵法師，由於曾經師事菩提流支三冬，親從流支受學《十地經論》，且作疏弘揚之，又因居住在相州（即今河南彰德）北道，故稱相州北道派。

《十地經論》出自《華嚴經》十地品，述說菩薩十地各別的行地與境界，以阿賴耶識為如來藏緣起，明釋自性清淨之義。而慧光的南道派主張阿賴耶識是淨識，成就解脫後七轉識泯滅，只剩清淨的賴耶。道寵的北道派認為阿賴耶識是妄識，是無明所顯，若成正覺後必捨此妄識。

地論二派以南道較為興盛，且被視為正統，流傳較久。

2、攝師論：

南北朝時於陳文帝天喜四年（西元五六三年），眞諦三藏譯出無著的《攝大乘論》，世親的《攝大乘論釋》，學人依此二論之名，稱此派爲攝論師，其實眞諦三藏在中國二十三年（西元五四六年～五六九年），所譯經典有六十四部，其中有不少是屬於唯識學經典，如《十七地論》即是《瑜伽師地論》百卷中的五卷，又有《大乘唯識論》即是世親的《唯識二十論》，《三無性論》即是無著的《顯揚聖教論》中的成無性品二卷，因此，在唐玄奘以前推廣唯識思想者，當推眞諦爲最力。眞諦認爲：八識爲虛妄，九識爲眞實，這是出自於《決定藏論》的內容：「阿羅耶識是一切煩惱根本，修善法故此識則滅。…此識滅故一切煩惱滅。阿羅耶識對治教，證阿摩羅識。阿羅耶識是無常，是有漏法。阿摩羅識是常，是無漏法。得眞如境道故，證阿摩羅。阿羅耶識爲粗惡果之所追逐，阿摩羅識無有一切粗惡苦果。阿羅耶識而是一切煩惱根本，不爲聖道而作根本。阿摩羅識亦復不爲煩惱根本，但爲聖道得作根本，阿摩羅識作聖道依因，不作生因。」（大正藏第三十冊，頁一○二○，卷上），文中之阿羅耶即阿賴耶（Alaya），阿摩羅即菴摩羅（Amala），眞諦與前面所提地論師南道派所不同的是：南道以爲七識爲妄，八識爲淨；北道認爲八識爲妄，尚須轉化；故北道派與攝論師意見相符，被融入攝論師中。

3、法相宗：

經由上述三家的細微差異造成唯識學理上的紊亂困惑，玄奘（西元六○二～六六四年）聽得胡僧波頗密多羅說：眞諦所譯的《十七地論》只是《瑜伽師地論》百卷中的五卷而已，心中產生往印度一探究竟的決心，故西行十七年，親自繼承印度瑜伽師戒賢之衣鉢，將唯識學完整地介紹回中土，成爲法相宗之祖，在他之前的唯識譯著，稱爲舊識，從他以後所譯出的稱爲新譯。

前文曾提及：世親之後唯識學在印度十分盛行，當時享有盛名的是十大論師，而玄奘之師戒賢是傳承陳那（西元四二一～五○○年）無性、護法（西元四八一～五六○年）這一系列，故在回國後翻譯《唯識三十論》之註釋時，本擬將十位論師著作各各譯出，但依高弟窺基之請，以護法一家思想爲主，其餘九意見爲輔，揉十家之義以成一論，即今日之《成唯識論》。

窺基（西元六三二～六八二年）將玄奘口授之述記載作六十卷，同時傳學者有慧觀、立範、義寂、普光、圓測，時稱「唐時六家」。

窺基的《成唯識論述記》，弟子慧沼的《成唯識論了義燈》，再傳弟子的《成唯識論演秘》爲學人稱作「唯識三疏」，爲研究此宗之必需。日僧玄昉、智雄、智鳳、智鸞等就學於智周（西元七○三～七一六年），以後傳回日本，成爲日本南部六宗之一，相當興盛。

法相宗中新羅僧人很多，如圓測、神昉、法常、僧辯、智信等諸人皆是，對新羅之法相研究亦有重大影響。

玄奘傳譯的十大論師著作，是以護法思想爲中心，換言之，是以護法的思想爲立場，所以不能代表就是世親的學說；從今日呂譯及霍譯的安慧《三十唯識頌》與《成唯識論》比較，能知二人的確思想上有所差異，例如：種子的起因問題，認識作用的問題，偏計執的問題，對於《三十頌》中所言：「阿羅漢滅定，出世道無有」的末那識，安慧認爲指的是無末那之識體，此乃承古義之故，所以人稱安慧是「體無家」；護法的意見是認爲無末那之染污義，此乃創新說，人稱「義無家」。二者誰是誰非，難以論斷。

眞諦與玄奘二人對於阿賴耶識的看法也不同，眞諦把阿賴耶譯作「無沒」，乃永久的存在，不受形軀生死之拘限，此阿賴耶乃眞妄和合，若眞如隨著無明妄動，則生起迷界萬象，反之，若能破除妄執，增進眞淨，則能開顯覺悟，顯現出第九識菴摩羅識。

而玄奘把阿賴耶譯作「藏」，它含藏有萬法的種子，包括有漏的染污和無漏的清淨，只要能淨化染污識，終於能轉八識成爲四智，得到二轉依果。

以結構言，玄奘的八識可以包括眞諦的八、九兩種識，只要能轉化，染污的賴耶即可成爲清淨的賴耶，不必再頭上安頭的另增一名詞，這的確比眞諦的攝論體系要清晰明瞭，日後亦以此爲定論。

4、宋、元、明、清及近代

唐朝末年有武宗毀佛（會昌五年——西元八四五年），五代時後周世宗廢佛（顯德二年——西元九五五年），戰火中經書被燒毀，法相宗典籍亦未能倖免，流失大半。入宋以後，繼承五代風氣，仍有秘公、通慧、傳章、繼倫等人講學，內容包括百法、因明、與唯識、慈恩之章疏有四十三卷在天聖四年（西元一○二六年）時被編入大藏經刻版中，宣和初年（西元一一一九

年），龍興寺的守千校勘遁倫的《瑜伽師地論記》刊版以流通，成為一大家。

北宋的永明延壽（西元九〇四～九七五年）亦在《宗鏡錄》中引用唯識思想，除此以外法相宗的典籍逐漸失傳。

元朝僅見有雲峰的《唯識開蒙問答》二卷問世，到明初幾乎成為絕學。

明武宗正德年間（西元一五〇六～一五二一年）有魯菴普泰法師從一位無名老翁處傳得唯識學，為《八識規矩頌》、《百法明門》作注釋，以此二書再度推動弘揚唯識的學風。

若以人數而言，明末學習唯識的人遠超過唐代，雪浪從無極學唯識，輯有《相宗八要》一書，內人包括印度大思想家商羯羅的《因明入正理論》，世親的《百法明門》、《唯識三十論》、陳那的《觀所緣緣論》、護法的《觀所緣緣論釋》、及玄奘造的《八識規矩頌》、《真唯識量》、及《六離合釋法式》。由於高僧紫柏盛讚慈恩一宗，故興起學者研究之風，明昱（西元一五二七～一六一六年）專講唯識於杭州、南京、北京，為《相宗八要》作註解；在家居士王肯堂有感於唯識著疏亡失，乃搜輯藏經中論及唯識思想之著作諸文，編撰成為《成唯識論證義》十卷，此可見用心之良苦。

明末的唯識思想已與唐朝不同，一則古疏失傳，無以為憑，二則明末的唯識學家大多出身禪宗，以禪宗思想詮釋唯識，自與窺基的風貌不同。從明末高僧紫柏真可、憨山德清、蕅益智旭的著作中能發現，是以禪宗觀念來解釋唯識，是為了配合參禪而修唯識觀法，較強調實用性，此與窺基立義以一家之言闡釋全體佛法大用的作風是明顯地不同的。

清代有昭學廣承在杭州蓮居庵講唯識，傳承不絕，時稱「蓮居派」，有弟子大真、本全、聖先，相以繼席，講習不輟。清末有松岩（西元一八七五～一九〇八年）以唯識觀點評論西洋著作《天演論》、《民約論》，默庵（西元一八三九～一九〇二年）常為四眾弟子講唯識。同光年間居士楊仁山創辦「金陵刻經處」，為法相唯識的復興種下契機之根苗，光緒四年時，楊仁山遊歷歐洲，在英國倫敦得識日曾南條文雄，得悉日本保存有不少中國唐朝散佚的經典，後來請南條文雄用心搜羅，共得散佚經典二八三種，其中有些是法相宗的章疏，例如窺基所撰的六十卷《成唯識論述記》就是其中之一，故由刻經處刊行流通，使後學得見玄奘以次諸師之宗旨，唯識學亦由此重新為學者所重視。

　　民國初年北方著名的唯識學者爲韓清淨，他與朱芾煌、徐森立、韓哲武等人在北京成立「三時學會」，專門研究法相，以與南方歐陽竟無的「支那內學院」南北相抗衡，時人譽作「南歐北韓」。民國二十四年，山西趙城縣廣勝寺發現金代藏經，由北大任教的周叔伽與葉恭綽等人發起，將金藏中有關法相的典籍一共六十四種，合併印行，命名爲《宋藏遺珍》。

　　自此以來，佛教各宗派研究皆興盛，根據《現代佛教學術叢刊》所收錄的民國以來六十年（西元一九一一年～一九七八年）中佛教論文發表目錄，其中專屬於唯識學論文的，有一六〇篇（專書尚不計算在內），唯識學作者至少有八十八位，此中包括主編《海潮音》的唐大圓、高僧太虛、印順、演培，值得特別提出的有三項：

　　　　台灣台北汐止的慈航法師（西元一八九四～一九五四年）在台弘揚唯識，並閉關修唯識行，發願往生兜率。圓寂時指定三年後開缸，成就金剛不壞之身。今日其金身依舊供奉在汐止慈航堂內，全身貼以金箔片，以供萬衆景仰，其著作留有《相宗十講》、《成唯識論》及其他，今收錄在全集中。此爲法相宗修唯識行，往生兜率成功的一個例證，也是從唐朝玄奘、窺基、道宣之後，相隔一千三百年，新增添的一顆明星。

　　　　西元一九二二年法籍人士 Lylvaim Levi 重遊尼泊爾時，得見皇家藏書中有梵文三十頌釋之手寫本，影寫而皈巴黎，審其題尾，爲安慧之論，一九二六年呂澂將之譯成漢文，載諸雜誌，使安慧釋論原本得以重見天日，據呂澂看此書之譯出意義重大：一則得以窺安慧所傳本頌之眞面目；二者得以推想世親本頌之原文，間接探求世親頌文之本義；三則懷疑《成唯識論》名義上是雜糅十家爲一，實際上可能只是護法一家之傳本，過去苦無佐證，如今得以用安慧之論證譯本之果然爲別傳3。

　　繼呂澂之後，香港學者霍韜晦在一九七八年又將安慧的梵文本《三十唯識釋》重新翻譯一次，他認爲：玄奘把梵文 Vijnaptimatra 譯作「唯識」是譯錯了，後面 matra 是「唯」沒錯，但前面 Vijnapti 是由語根 Njna「知」作使役結構，表示：使人令知，意即：有所表，有所呈顯，或者說是：「擺出來，讓人知曉」，最前面的字頭 vi 表示分離，別異，組合起就是說：一個自身具有內容，而使他人得以知覺的境象呈現4。正確的「唯識」本義應該是「唯表」。

玄奘把 Vijnana-parinama 譯作「識變」是不貼切的，若譯作「識轉化」會減少誤解，識變意謂著依識而變生出客體存有，其實「識轉化」只是說現象的起源是由識自身轉化，霍氏認為，應依印度傳統，將此字還原為「識轉化」較符合世親本意。

方東美教授認為：從唐代的窺基、慧沼、智周，一直到明朝的憨山、蕅益，乃至到近代的支那內學院楊仁山諸人，在解釋唯識學時有許多地方講錯，把法相丟掉專講唯識，大多以偏計執性為基礎來講虛妄唯識 5，即使有從依他起性來談，也依舊是在因緣唯識上打轉兒，無法提昇到勝義唯識，換言之，就是在虛妄唯識性中無轉依，無法轉識成智，那麼也不可能把虛妄的分別識點化成為「唯智」了。另外，慈恩寺一派的重點只放在世親以後的哲學發展，忽略了對世親以前的原典研究，像彌勒所依據的六經，並沒有充份注意到，既然不是從根源研究起，只能說是中途著手，這是固步自封的。

方東美先生提出的第三點是：轉識成智的關鍵在《大般若經》，如果憑籍意識作用，則只能在分析中膠著，產生謬誤推理，唯有般若思想的正智才能把精神從現象界提昇到本體界，如此才能了解唯識的限制，必須真實的智慧超脫這個限制，進而才能提昇至永恆世界，與最高的價值世界。

貳、唯識學難題

由於唯識學是一門逐漸發展形成的哲學，有許多問題一直成為諍論的焦點，它並不依賴「聖言量」的權威性，也因此擁有可以繼續思考、不斷改進的自由空間。在歷年以來的諸多問題中，以下提出幾點供作今日參考：

一、 本體論：有二項困難

1、如何證明「輪迴說」？

佛教八大宗派裡，唯一能提出理論根據以證明輪迴的，共有法相宗，其餘各宗只是共同接受佛經中所言：由無明而生業，因業困惑而生我執、我愛，故生生世世輪迴於六道中。唯識學對於輪迴的主體，稱之曰「阿賴耶識」，它另有了名，一為阿陀那識（Adana-vijnana，譯作執持識），另一為毗播迦識（Vipaka-vijnana，譯作異熟識）。此異熟識的功能有三：一、異時而熟，二、異類而熟，三、變異而熟，由此可義可以了解何以困執有快慢之

差異，六道之間相互論迴之可能。《成唯識論》卷八有謂：「前異熟果受用盡時，復別能生餘異熟果，由斯生死輪轉無窮，何假外緣方得相續？」通常教內人士相信輪迴說，以此爲與教外學理之區別，但在接受輪迴說的人士裡面眞正能以修持工夫予以心證者，爲數不多，必須靠定力方得以自明，換言之，除了「心證」以外別無其他方法；儘管佛經常常解釋：「由於衆生有我愛執纏，所以才會沈淪苦海」，或者說：「生死相續，由諸習氣」，「生死相續，由內因緣，不待外緣，故唯有識。」這些說法都是屬於後天的論證，除了以定力心證，或者以抽象的術語作後天論證，似乎也很難再有更具說服力的方法來讓大衆接受輪迴說。唯識經典豐盛，若能再尋找出適切有力的論點，或許能增加信服力。

2、最終實體是一或多？

唯識學上有個重要論題，認爲宇宙萬有，一切諸法，都是由心識所變現（近年來由安慧《三十唯識頌》資料顯示：亦可作「由心識所呈顯」。）《成唯識論》卷一即說：「或復內識轉似外境，我法分別現。」內識之能轉現外境，其根源在於本識——即阿賴耶識，由此第八阿賴耶識經由分別之薰習力，產生言語、行爲、各種感官知覺，「識唯內有，境亦通外」，在凡夫位，衆生由於各自造業，各自感得善惡果報，故可得知：阿賴耶識是衆生各自獨有的，是殊多的；在轉識成智以後，是一？還是多呢？《佛地論》認爲是一，理由是：「又說法身，諸佛共有，偏一切法，猶若虛空，無相無爲，非色心故。」（《成唯識論》卷十所引）這段話很清楚地表示：法身只有一，非色法，亦非心法，乃諸佛之所共有，然而，「諸佛」爲多數位格，予人以玄妙之感，不易理解；而《成唯識論》提到成佛以後的依報謂：「自受用身及所依土，雖一切佛各變不同，而皆無邊，不相障礙。」對於這段話的解釋，自古以來諸山大德都引用同一個例子來作譬喻：「如千燈光同照室內，雖各自發光，而一一光皆能遍照全室，光與光相似、相涉、相入，彼此不相防礙。」此種譬喻很明確地暗示：一燈如一佛，多燈喻多佛。既然轉識成智以後皆是大圓境智，爲何不能打破人我之隔礙，仍然停留在「千燈同照一室」的「多」的狀態？

唯識學在談虛妄唯識之時，很強調諸外境皆屬「相分」，此相分只在「識內」，似乎很獨斷地有氣吞山河大地之口吻，將此識之虛妄功能擴展到

最極且最遠，然而在轉識成智以後郤又謂「一室有千燈光」，此種矛盾難怪被華嚴宗判教放在第三位——大乘終教，旣非頓、亦非圓，如此看來，在形上最終本體思想的發展上，唯識學與天台的「一實相境」和華嚴的「法界眞心」的確有一大段距離。

二、知識論：見相四分的適用範圍

自古以來對於「安難陳護，一二三四」一直有著很大的諍論，護法認爲：吾人產生知識的過程必須具備四種條件：行爲主動之能（見分），知識對象，即所（相分），知識主體（自證分），與反省判斷驗證者（證自證分）。安慧認爲：行爲者（見分）與認知對象（相分）從外表上看似乎是二，其實都是從同一個本體（自證分）所發生的，所以知識發生的條件，只是一個。其餘有難陀認爲：知識的發生一定要有主體、客體二者；陳那認爲除了主體、客體之外，一定還要有生在最後，似乎也綜合了前面三家的優點，再添加反省驗證者爲第四分，當屬最完備的理論。然而歷史上爲發生諍論的重點，大多集中在討論「見分、相分是同體？或是異體？」郤少有人懷疑到四分的適用範圍，是否心王八個皆有四分？或者只有本識才具備四分？如果是本識才有四分，將可避免矛盾，但並未見有經論文字如此記載；如果是每一心王皆有四分，則將發生困難。

根據《成唯識論》卷二所言：「又心心所，若細分別，應有四分」，心即心王，共有八個，心所有五十一個，前面感官知覺發生時，用的是前五識，若要了別，則需增添五俱意識，譬如：眼前我喝一杯水，這杯水是相分，我喝的動作是見分，我知道這水是冷、是熱、是茶、或是咖啡，要靠五俱意識判斷才成，然後再次反省到這一串連續過清楚無誤，又需要更內層的反省作用才行，前面五個感官之識是不產生自證分與證自證分的，而後面第七、第八識雖然有自證與證自證的功能，郤無法產生見相二分的行爲，所以，八個心中王只有本識才能具備四分。在唯識學發展史上，對於見相四分與八個識的適用範圍，是尙未完成的論題，有待後人繼續研判。

三、倫理學：我意識既屬染污，何以爲無記？

末那識（Manas）即是我意識，它的性質是「有覆無記」，無記乃非善、

非惡之意，然而此末那識又名「染污意」，因爲從無始以來即與四煩惱法恆俱生滅，這四煩惱是：我見、我愛、我慢、我痴，由於這四種煩惱是圍繞著「我」爲中心而產生的，所以末那識又名「我意識」，相當於心理學中的「自我」意識，第六識在發生功能時必須仰賴第七識爲染淨依，換言之，由於我意識本身本清淨，受到痴見愛慢諸煩惱染污，所以其下游行爲必然發生偏差，導致行爲有善、有惡，還有中性的無記；令人不解的是：產行爲的第六識既然通三性，何以其根源只是無記性？好有一比方：二人共謀，犯一刑事案，一人主謀，一人行動，案發之後判刑二人應俱有罪；同例可知，七識爲六識之染淨依，既然六識通三性，應當染污意也通三性，俗諺有云：「惡性難改」，或者說「江山易改，本性難移」，這個性指正是第七識，豈會以無記性而產生三性？

　　過去唯識家大約是以八識爲七識的根本依，「依彼轉緣彼」，既然八識是無記性，那麼二者互緣，七識也皈類作無記性，一直未曾提出異議，但今日若以倫理學觀點來看，我意識既然無始以來即與四煩惱俱，應當不僅止是無記性，而是三性皆通的。此點有待於再深究。

四、醫學：不相應行法的命根

　　對於精神錯亂，神智失常，以及植物人的治療，一直是醫學界的一項困擾，除了服用藥物，或者予以電擊之外，也沒有其他良方。佛教對此問題大多只是皈因於「業障」，此外研究不多。只有唯識學有比較獨特的理論，唯識學中認爲：第六識有「獨頭意識」，乃不對外境而單獨在內產生的，又分四種：定中、夢中、散位、狂亂，此「狂亂獨頭意識」指的就是精神病患的精神狀態，另外，第六識有「獨行不共無明」，第七識有「恆行不共無明」，此二者就是發生狂亂獨頭意識的原因，然而，要如何治療呢？唯識學也只說是要「見道」、「修道」才能斷除。並未特別注重精神失常的問題。

　　至於植物人是生理機能尚在，但「識」不能作用，與中風患者不同，中風者是生理某些部份癱瘓，但神智清楚，能視、能見，只是講話有障礙。根據唯識所言，「命根」有三個要件：由壽、煖、識三者和合而成，缺一不行，植物人即是有壽、煖健全，但識不起作用，何以會有這種情形？唯識學將它皈類於「心不相應行法」，意謂：它不是色法，也不是心法，縱然有心

也無力控制，這是自然界中的一項困惑，此外，密宗有〝奪舍法〞與道家民間傳說的〝借屍還魂〞，在識、煖、壽三項因素不相配合時，也有發生的可能。

以上提出的問題唯識學未必能予以圓滿的解釋，但既然唯識學是一門逐漸形的學問，表示它仍然有發展的潛力，在未來，唯識學若能在研究方法上改進，還是有大量思考空間的。

結論：唯識學的未來展望

清末民初，唯識學的再興是中國思想史上的一段波瀾，當時曾流行將東西方哲學相互比附，例如譚嗣同在一八九六年撰《仁學》時，以仁為「以太」，又以唯識學中的「相分」來比擬「以太」6；而章太炎以唯識義理來解老莊，以「藏識」為「靈府」，無論是否正確，至少這種現象是西學傳入之初的一種格義方法；由於他們在學術界有領導之力，開風氣之先，所以影響到當時談義理者多唯識學。

唯識學的特色是：它對於人類的痛苦與無明有極深刻的反省，對於個人的生死富貴命運，和社會國家團體的命運，也有相當的解釋，其修行對治的方法對個人能拔苦出離，要求對生命之根本作一徹底的改造，更進而對民族對社會能起悲心，令一切眾生皆入道，它具有莊嚴弘大的理想，在今日，唯識學值得我們再繼續拓展下去，然而，為因應時代的變遷，研究的方法亦必須有所調適，以下提出三點意見，以作參考：

1、 改良研究方法，加強語文訓練，顧及文獻學之比較。

現代人研究唯識，所依經典大約有二類：一為漢文大藏經，另一為藏文大藏經，藏文經典中有不少尚未被漢譯，故若有梵文、巴利文、藏文的語言訓練，將能新闢一條直接路徑。

日本學者比較偏重文獻學研究，譬如說：《攝大乘論》有三種譯本，分別是後魏佛陀扇多、陳眞諦、唐玄奘三人所譯，必須要找出梵文原本，再列出三家譯文，逐字逐句比較其譯文之差異。這種工夫其實就是訓詁考據學，需要梵、藏、巴利文礎，也需要極大的耐心，從不同年代的譯文中從事翻譯、校訂、註釋、考察來源出處，使古老的經文呈現在現代人面前，日本人與歐洲人在言方面的確費心極大，頗有貢獻，但根據大陸梵文學者金克木所

言：太過於專注語言，會使人有偏差之感，意即：在研究經文時，他關切的不是其中哲理，而是字根、語尾的時態變化，故而學語文者的思考方向與研佛學義理者大有不同。

另外歐美學者所研究唯識是站在純學術立場來作研究，未必懷有探討生命奧秘，或接受唯識為生命最高理境的宗教情懷，所以學習多種語文訓練，與文獻學的知識，是為了擴大自己的視野與學術基礎，切莫因此而倒本為末。

2、經典必須重新詮釋。

唯識學的根本依據是六經十一論，除此之外尚有窺基、慧沼、智周的三部疏，無論是舊譯或是新譯，現代人還是得熟悉二種語言：古文與白話文，要想使唯識思想為人瞭解，必須把龐大數量的六經十一論重新作詮譯，將傳統艱澀的名相適當地以現代語言作說明。

除了經典之外，工具書也有必要再作編撰，過去歷史上除了《三藏法數》外，辭書的撰著並不多，民國廿三年有朱芾煌編撰中國第一套《法相辭典》，迄今尚未見到另有他著。唯識名相繁多，義蘊深奧，工具書是最基本的必備書，沒有完善的工具書，即是缺乏學術研究的助緣。

3、配合時代性，擴大思考方向，拓展適用範圍。

學術的普遍性與其社會功能有關，若能結合現代的人文科學觀念，以歷史的角度，哲學的角度，甚或至醫學、心理學各種角度來研究，將有助於勘驗唯識學的實用性，既然唯識是站在生命的觀察角度作思維，那麼舉凡與人類生命有關的人文科學皆能與它溝通，迄今仍然有許多與大自然的奧妙無法為人所解，例如時空題，前面提及的命根問題，或者是生命遷變流轉的問題7，在在皆令人困惑，既然唯識學是一門逐漸形成的學術，亦即表示它是一門尚未被僵化，尚有發展餘地的學問，那麼它的前途是予人樂觀的。

【附　註】

註1：法尊師於民國卅一年，依據藏文本初譯出《入中論》，在此之前，此論之梵文本一直未曾來華。

註2：九心論：窺基著《成唯識論掌中樞要》卷下記載：「上座部師立九心論：一有分，二能引發，三見，四等尋求，五等貫徹，六安立，七勢用，八反緣，九有

分。然實但有八心，以周匝言，總說有九，故成九心論。」吾人認識外在事物，皆是從最初起心動念，到明了認識為止，其中有八個過程，形成一圓環，此最初與最後都是「有分心」，意味從本體阿賴耶識出發，最後再回到本體阿賴耶。

註3：見《現代佛教學》第廿九册，呂澂著「安慧三十唯識釋略抄」。頁二九一～三一三。

註4：見霍韜晦著《絕對與圓融》，頁二三三。

註5：見東方美著《中國大乘佛學》，頁五八九，頁六〇二～六〇八。

註6：見譚嗣同所著《仁學》，中華書局出版，頁四二。

註7：《百法明門》中列出廿四項問題，旣不是色法、也不是心法，但又與色法心法有關，雖然有關，人類郤不能加以干涉，這被稱為「不相應行法」，意謂心與心所相應，這廿四種現象與心不相應，內容如下：1.得，2.命根，3.眾同分，4.異生性，5.無想定，6.滅盡定，7.無想報，8.名身，9.句身，10.文身，11.生，12.住，13.老，14.無常，15.流轉，16.定異，17.相應，18.勢速，19.次第，20.時，21.方，22.數，23.和合性，24.不和合性。這些都是宇宙間的奧秘，尚未有定論。

參考書目

1. 《中國大乘佛學》，方東美著，黎明出版社，八十年四版。

2. 《絕對與圓融》，霍韜晦著，東大出版社，七八年二版。

3. 《明末佛教研究》，釋聖嚴著，東初出版社，七六年。

4. 《唯識法相及其思想演變》，演培著，慧日講堂印，六一年。

5. 《唯識學概論》，韓廷傑著，文津出版社，八二年。

6. 《成唯識論講話》，慈航著，慈航堂，七〇年二版。

7. 《唯識學的論師與論典》，現代佛教學術叢刊九六，張曼濤主編，大乘文化出版社，六八年。

8. 《唯識史觀及其哲學》，法舫著，天華出版社，六七年。

9. 《唯識思想論集》，現代佛教學術叢刊九六，張曼濤主編，大乘文化出版社，六八年。

10. 《相宗八要直解》，藕益智旭述，大乘精舍印經會，七四年。

11. 《相宗綱要》，梅光義編，華藏精舍印，六三年。

東陽王爲敦煌第 285 窟之窟主補證

—東陽王元榮領瓜州刺史之考證

文夢霞

政治科學科講師

一、前言

　　第 285 窟的窟主是誰？一直無法找到直接的證據。但現有的資料卻多指向東陽王元榮。東陽王是否爲 285 窟的窟主？是一個值得探討的問題。早在武周聖歷元年（西元 698 年）《李義修莫高窟佛龕碑》便載有：

> 「建平、東陽弘其跡……復有刺史建平公，東陽王等各修一大窟……。」1

　　但是並沒有明白指出建平公和東陽王所修的窟是那一個窟？雖然過去有不少人認爲東陽王在敦煌所修的洞窟很可能是第 285 窟；例如賀世哲說：

> 「他寫過數百部佛經，在敦煌書中還保留有五件實物。至於“東陽王窟”究竟是那一窟，因未發現有關供養像題名，無法肯定。但我們在校堪供養人題記的過程中，經過反覆觀察，覺得第 285 窟是東陽王窟的可能性較大」2

段文傑說：

> 「元榮不僅大量寫經，而且是開窟造像的倡導者，《李克讓修莫高窟佛龕碑》上說：“樂尊法良發其宗，建平東陽弘其跡”，而且明確指出他們曾“各修一大窟”，在現存七個西魏窟中，第 285 窟規模最大，內容最豐富，藝術水平最高。另外東陽王所寫大乘經中的許多內容，第 285 窟壁畫中都有，如《法華經・見寶塔品》出現兩舖，《大般涅槃經・梵行品》，即五百強盜成佛因緣，是第 285 窟的主題畫，據《無

量壽佛經》而出現無量壽佛說法圖四鋪，這些絕非偶然巧合，還有北
壁，二佛並坐說法圖下發願文，東側有男供養人畫像三身，籠冠，大
袖長袍，蔽膝，爲漢化鮮卑官員禮服，疑爲元榮及其子婿供養像；西
側女像，頭飾高鬟髻，著大袖襦，長裙蔽膝，兩側有裕，走動時隨風
飄蕩，這是貴族婦女的禮服掛衣，疑是東陽王夫人供養像。綜上數端
看來，大體可以肯定 285 窟是東陽王窟」3。

賀、段兩位先生都主張 285 窟窟主很有可能是東陽王，由於瓜州是絲路
國際貿易要道上的咽喉，經濟和地利都有其特殊的重要性，北魏特從中原派
遣鮮卑宗室東陽王元榮去瓜州擔任刺史。不過要斷定東陽王是否爲 285 窟窟
主？仍有許多可探討的空間，例如；原來以爲東陽王元榮自建義二年（西元
529 年）至大統十一年（西元 546 年）都應擔任瓜州刺史、但筆者檢索文獻
史料後；發現元榮可能在建義二年之前已擔任瓜州刺史了，而大統十一年
時，其實元榮已死，而且在這個期間；還曾經有個高昌王也派任瓜州刺史；
由於東陽王元榮出任瓜州刺史的時間，對於東陽王是否爲 285 窟窟主？是個
關鍵性的問題。因此筆者想試著來釐清這些問題。故不揣淺陋，試圖將上述
論點做一點研究，爲東陽王元榮爲莫高窟第 285 窟窟主之補證。

二、元榮領瓜州刺史的任期問題

將文獻再耙梳一遍，發現東陽王元榮領瓜州刺史的任職時間與第 285 窟
供養人畫像題記的時間記載是吻合的，前面已經提過；第 285 窟是莫高窟早
期洞窟中唯一有紀年和題記的洞窟，在北壁說法圖下；由西向東有七區供養
人像，每區供養人像中間都有發願文；又稱功德記，其中有四處尙可辨識的
年代記載；如「大戴（代）大魏…」，可供我們對照，例如北壁上西數：

第二鋪（迦葉佛）下發願文：

「夫至極闊曠正爲塵羅所約聖道歸趣……大代大魏大統四年歲次戊午
八月中旬造」。

第三鋪（拘那含牟尼佛）下發願文：

「夫從緣至果非積集無以成功……大代大魏……八□月中旬造」。

第五鋪（佛像）下發願文：

「夫從緣至果非積集無以成功……大代大魏大統五年四月二十八日

造」

第七舖（無量壽佛）下發願文：

「夫從緣至果非積集無以成功……大戴大魏大統五年五月二十一日造
訖」4。

「大統」是西魏文皇帝寶炬的年號5，寶炬共在位十七年（西元 535-551
年）6。大統四年爲西元 539 年，大統五年爲西元 540 年，據《西魏書》載：

東陽王榮大統十一年（西元 346 年）爲瓜州刺史，與其婿鄧彦偕行，
榮卒，瓜州首望表榮子康爲刺史。7

瓜州據《西魏書·地域考》三云：

瓜州產美瓜，春秋傳允姓之戎居於瓜州即此，太武帝置鎮，孝明帝改
置州，領郡五縣十三。8

東陽王所領瓜州即此。《魏書》和《西魏書》對東陽王的稱呼，稍有不
同，《西魏書》稱東陽王爲「榮」，《魏書》則稱「元太榮」，而《周書》
也稱「元榮」，例如：

《周書·申徽》傳：

東陽王元榮爲瓜州刺史，其婿鄧彦隨焉，及榮死，……。9

「令狐整」傳也提到：

刺史東陽王元榮辟整爲主簿，加蕩寇將軍。10

據校勘記說：其實是雙名單稱 11，都是同一人無疑，本文採用「元
榮」。兩傳也都稱東陽王元榮爲「瓜州刺史」，追溯元榮封瓜州刺史，一般
人都以爲是在北魏孝莊帝建義二年，因爲《魏書》孝莊二年八月載：

丁卯，封瓜州刺史元太榮爲東陽王 12

《北史》也說：

八月己未，以太傅李延寔爲司徒·丁卯，封瓜州刺史元太榮爲東陽
王。13

但是《魏書》另有一條資料說建義元年曾派高昌王世子光襲瓜州刺史之
職的記錄，何以建義元年六月才將瓜州刺史之職派給了高昌王，隔年八月就
又派給東陽王元榮？在時間上頗值得推敲？若要解決東陽王是否爲 285 窟窟
主的問題，似乎先要解決東陽王領瓜州刺史的任期問題。

三、解決高昌王與元榮領瓜州刺史的雙胞案

因為《魏書・孝莊紀》建義元年（西元 528 年）六月記載了以高昌王世子光為嗣王爵位，並為瓜州刺史的事實。

《魏書》云：

> 是月葛榮飢，使其樸射任褒率車三萬餘乘南寇，至沁水。癸卯，以高昌王世子光為平西將軍、瓜州刺使，襲爵泰臨縣開國伯、高昌王。14

原來在此之前曾任命高昌王「嘉」為瓜州刺史，嘉死之後，便由其世子「光」15 嗣其爵位。我們來回顧一下這件事的來龍去脈：

《魏書・高昌》傳云：

> 永平元年，嘉遣兄子私署左　將軍、田地太守孝亮朝京師，仍求內徒，乞軍迎援。於是遣龍驤將軍孟威發涼州兵三千人迎之，至伊吾，失期而反。於後十餘遣使，獻珠像、白黑貂裘、名馬、鹽枕等，款誠備至，惟賜優旨，卒不重迎。三年，嘉遣使朝貢，世宗又遣孟威使詔勞之。延昌中，以嘉為持節、平西將軍、瓜州刺史、泰臨縣開國伯，私署王如故。熙平初，遣使朝獻。詔曰：「卿地隔關山，境接荒漠，頻請朝援，徒國內遷。雖來誠可嘉，即於理未帖。何者？彼之甿庶，是漢魏遺黎，自晉氏不綱，因難播越，成家立國，世積已久。惡徒重遷，人懷戀舊，今若動之，恐異同之變，爰在肘腋，不得便如來表。」神龜元年冬，孝亮復表求援內徒，朝廷不許。正光元年，肅宗遣假員外將軍趙義等使於嘉。嘉朝貢不絕。又遣使奉表，自以邊遐，不習典誥，求借五經、諸史，并請國子助教劉變以為博士，肅宗許之。嘉死，贈鎮西將軍、涼州刺史，子堅立。餘後，關中賊亂，使命遂絕。普泰初，堅遣使朝貢，除平西將軍，瓜州刺史、泰臨縣伯，王如故。16

這段傳文；對於高昌王與北魏時續時斷的關係，有很詳細的說明，我們也可從中得知；在延昌中（約西元 514 年）嘉曾經受命為瓜州刺史，嘉死後。其子堅雖立（高昌傳子為「堅」而在《孝莊紀》則稱「光」但不知何以會有二種不同的稱謂？），但因關中賊亂，其任命跟著斷絕。直到普泰初（西元531 年），再授其為瓜州刺史之銜。而元榮封為東陽王的時間，是在孝莊二

年（528年）八月，似乎與高昌王的任職的時間太接近。至於嘉是何時死的？
距堅之再任刺史，這中間有幾年？這些問題似乎緊扣著整個事情的發展，似
有必要找到這中間的關係。

高昌從孝武帝時就經常來朝貢不絕，可以說是非常忠實的屬國。後與北
魏關係中斷，似在高昌王－嘉死之後，查《梁書・高昌國》條所載嘉子－堅
的嗣位情況：

> 高昌國，闞氏爲主，其後爲河西王沮渠茂虔弟無諱襲破之，其王闞爽
> 奔于芮芮。無諱據之稱王，一世而滅・國人又立麴氏爲王，名嘉，元
> 魏授車騎將軍、司空公、都督秦州諸軍事、秦州刺史、金城郡開國
> 公。在位二十四年卒，諡曰昭武王・子堅，使持節、驃騎大將軍、散
> 騎常侍、都督瓜州諸軍事、瓜州刺史、河西郡開國公、儀同三司高昌
> 王嗣位。[17]

這裡只說嘉在位二十四年卒，並沒有明確記載是那一年？不過可以推
算；嘉是在太和二十一年（497年）被立爲高昌王的。《魏書・高昌傳》云：

> 二十一年，遣司馬王體玄奉表朝貢，請師迎接，求舉國內徙。高組納
> 之，…而高昌舊人情戀本土，不願東徙，相與殺儒而立麴嘉爲王。[18]

從嘉被高昌人擁爲王，加上他在位的二十四年，推算到他死的時間；應
該是西元518年；也就是神龜元年。而高昌王－堅、直到太昌二年（533年）
才被任命爲瓜州刺史，其中間隔了十五年。嘉死之前在（511年）曾來朝貢
一次；《魏書》於正光二年記載云：

> 十有一月乙未朔，高昌國遣使朝貢。[19]

這是高昌王－嘉尚在位時，來朝貢。《魏書・高昌》傳亦云：

> 嘉死，贈鎮西將軍、涼州刺史，子堅立。於後關中亂，使命遂絕。[20]

正光四年（513年）八月，此時因北方開始發生動亂，兩國使命遂絕。
見肅宗詔曰：

《魏書》云：

> 狂蠢肆暴，陵竊北垂，雖軍威時接，賊徒憚逃，然獷虐所過，多離其
> 禍，言念斯弊，有軫深懷。可敕北道行臺，遣使巡檢，遭寇之處，饑
> 餒不利者，厚加賑恤，務另存濟。[21]

直到孝昌元年《魏書》又記載，仍然是說：

時四方多事，諸蠻復反 22。

《魏書》曰：

> 十有二月任午，詔曰：「高組巳大明定功，………，全臣竊命，亂我
> 朝式。致使西秦跋扈，朔漠構妖，蠢爾荊蠻，氛埃不息。……今先討
> 荊蠻，疆理南服；戈旗東指，掃平淮外。然後奮七萃於西戎，騰五牛
> 於北狄：躬撫亂離之苦，……」23

　　而此時、北魏的內部也不太平靜，從孝明帝崩，爾朱榮入京 24，靈太后
及幼主被害，沉公卿以下兩千餘人於河 25，榮立孝莊帝，改武泰爲建義元
年，專制朝政 26。其時邊患亦不斷；先是蕭衍遣其將曹義宗寇荊州，繼之南
荊州刺史李志南叛，通直散騎常侍高乾邕及弟，率流民起兵齊州之平原 27。
敬宗孝莊帝子攸建義元年（528 年）六月《魏書》又載：

> 是月葛榮飢，使其僕射任褒率車三萬餘乘南寇，至沁水。癸卯，以高
> 昌王世子光爲平西將軍、瓜州刺史，襲爵泰臨縣開國伯、高昌王。太
> 尉公、上黨王天穆爲大都督、東北道諸軍事，率都督宗正珍孫、奚
> 毅、賀拔勝、尒朱陽都等討任褒。帝以寇難未夷，避正殿，責躬撤
> 膳。又班募格，收集忠勇。其有直言正諫之士、敢決徇義之夫、陳國
> 家利害之謀、赴君親危難之節者，集華林園，面論事。28

　　繼蕭衍來犯，接著有葛榮南寇。對於處理邊患，孝莊帝曾採取了一些應
變措施；除派遣太尉公、上黨王天穆爲大都督、東北道諸軍事，率都督宗正
珍孫、奚毅、賀拔勝、尒朱陽都等討任褒。此時、高昌與北魏的關係雖然中
斷了一段關係，但過去邦誼甚篤，鑑於當時國內新創未平，邊境寇難未夷，
孝莊欲爭取鄰邦奧援，以解燃眉之急，於是便積極地處理了高昌王世子光的
嗣位問題。《魏書》云：

> 癸卯、以高昌王世子光爲平西將軍、瓜州刺史襲爵泰臨線該國伯、高
> 昌王。29

　　這是孝莊帝建義元年（528 年）六月的事，然而這個高昌王世子的策封，
距高昌王「嘉」之死（518 年）已有十年；距正光二年（511 年）高昌最後一
次來朝貢，也已經有十七年了。不知何故？三年後；即普泰初（531 年）又
有一次任命，《魏書・高昌》傳云：

> 普泰初，堅遣使朝貢，除平西將軍、瓜州刺史、臨泰縣伯，王如故，

又加衛將軍。至永熙中，特除儀同三司，進爲郡公，後遂隔絕。30

《北史》亦云：

> 子堅立。於後關中賊亂，使命遂絕。普泰初，堅遣使朝貢，除平西將
> 軍、瓜州刺史，泰臨縣伯，王如故。又加　將軍。至永熙中，特除儀
> 同三司，進爲郡公。後遂隔絕。31

同樣是說：「除平西將軍、瓜州刺史、臨泰縣伯，干如故」；凡「拜官」曰「除」32；這是說高昌王-堅在普泰初（531 年）拜爲平西將軍、瓜州刺史等職，並進爲郡公。而《魏書》也記載；元榮於建義二年（529 年）八月封爲東陽王，《魏書‧孝莊紀》二年八月：

> 八月庚戌朔，詔諸有公司債負，……丁卯，封瓜州刺史元太榮爲東陽
> 王。33

這條紀錄和建義元年（528 年）癸卯年以高昌王世子光（或堅）爲瓜州刺史的時間很接近，這其中有甚麼蹊蹺？如果我們注意看文字；它的意思是說元榮受封爲「東陽王」；而「瓜州刺史」並非他的新職，從文意看應是他的原職或稱謂，而「東陽王」卻是新封的；由此可以證明元榮出任瓜州刺史的時間應早於建義二年（529 年）；是在封東陽王之前；故在建義二年（529 年）之前；但瓜州刺史之職既然已派元榮，何以又派給高昌王？爲解除疑慮，經查《魏書‧官氏志》曰：

> 皇始元年，始見曹省，備置百官，封拜五等，外職則刺史、太守、令
> 長以下有未備者，隨而置之。

天賜元年：

> 八月，初置六謁官，……。九月，減五等爵，分爲四，曰王、公、
> 侯、子，除伯、男二號。皇子及異姓元功上勳者封王，宗室及始番王
> 皆降爲公。……。王第一品，公第二品，……。又制諸州各置都尉以
> 領兵。……十二月，詔始賜王、公、侯、子國臣吏，大郡王兩百人，
> 次郡王、上郡公百人、次郡公五十人，……皆立典師，職比家丞，總
> 統群隸。……

二年正月：

> 又制諸州置三刺史，刺史用品第六者，宗室一人，異姓兩人，比古之
> 上中下三大夫也。郡制三太守，用七品者。……以太守上有刺史，下

有令長，雖制而未臨民。自前功臣爲州者徵還爵歸第。

太和二年又規定：

舊制，緣邊皆置鎮都大將，統兵備禦，與刺史同。城隍、倉庫皆鎮將
主之，但不治，故重於刺史。34

由以上北魏的官制得知，刺史是外職，而諸州可置三刺史，宗室一人，
異姓兩人，我們得到的解答是；各州可設三個刺史，不只設一個刺史，刺史
本身還有三等，因此瓜州刺史雖已派給元榮，仍可再派給高昌王－堅擔任。
刺史雖可重置，其職務卻有高低之分，《官氏志》說：「爵分四等；王、
公、侯、子，」；「皇子及異姓元公上勳者封王，宗室及始番王皆降爲
公。」又說：「刺史用品第六者，宗室一人，異姓兩人，比古之上中下三大
夫也」元榮是元魏宗室，故在建義二年封爲東陽王，故他的爵位應在三品之
上35，而高昌王按「世番王則應降爲公」的說法，而高昌王之爵位則可能四
品上下；應在元榮之下。《高昌》傳和《北史》都提到：

普泰初、堅遣使朝貢，除平西將軍、瓜州刺史、臨泰縣伯，王如故，
又加衛將軍。至永熙中，特除儀同三司，進爲郡公。後遂隔絕。36

《魏書》「出帝－脩」太昌二年（533 年）記載卻說：

冬十月癸未，以衛將軍、瓜州刺史、泰臨縣開國伯，高昌王麴子堅爲
儀同三司，進爵郡王。37

這兩條記錄文字雖然稍有出入，重點卻都是談堅的進爵，《魏書》說：
將高昌王-堅進爵爲郡王；而《北史》則是說封爲郡公，而其時間都在 533
年，按北魏官制堅當進爵爲「郡公」爲是；而且是「雖制而未臨民」的官。
當時北魏已數度易主，而高昌也有兩年的隔絕，此時正是齊獻王破爾朱兆專
制朝政的時候，高歡因有所圖38，故將高昌王進爵爲郡公，以重申邦誼。故
自嘉死（518 年）到建義元年（西元 528 年）與高昌隔絕了十年，而自建義
元年到普太初（531 年）之間也有三年不來往的紀錄。太昌二年（533 年）雖
又派高昌王任瓜州刺史之職，不久又間斷，故其瓜州刺史之職是有名無實
的。而元榮在建義二年（西元 529 年）時受封爲「東陽王」，當時他的職銜
已是瓜州刺史，故知他被任命爲瓜州刺史是在北魏孝莊帝建義二年（西元 529
年）之前。按北魏官制元榮以皇室宗親封爵又爲地方官，故與瓜州地方父老
互動良好（見下節《申徽傳》：榮死、瓜州首望表榮子康爲刺史），因他長

時間在瓜州牧守，雖北魏曾派高昌王一堅出任瓜州刺史之識。然對於元榮之領瓜州任刺史並無影響。若計算東陽王元榮任瓜州刺史的任職時間，當從建義二年（西元529年）之前算起。至多到大統八年（西元543年，詳情容後交代）前後，大約有十四年。

四、元榮接受西魏冊封、卒於瓜州

《西魏書》云：

> 東陽王榮大統十一年為瓜州刺史，與其婿鄧彥偕行。榮卒，瓜州首望表榮子康為刺史，彥殺康而奪其位。朝廷不能討，因以彥為刺史，屢徵不至。39

「大統」是西魏文皇帝寶炬的年號；北魏自六鎮亂起，爾朱榮入洛，北魏的政局大亂。及爾朱榮為孝莊帝所殺40，介朱兆掌朝政；奉長廣王為主，年號建明。明年二月，又廢之而立節閔。介朱兆又被爾朱世隆所殺，高歡殺爾朱世隆，繼之、高歡又推安定王為帝於信都，復黜之，後更立武帝41。於是三少王相次崩殂，孝武帝-脩忿高歡之專擅，出奔長安依關西大行臺宇文泰42。後宇文黑獺害出帝，乃以南陽王寶炬僭尊號43。高歡另立孝靜帝，其經過如下載：

《周書・柳慶》傳云：

> 魏孝武將西遷，除慶散騎侍郎，馳傳入關。慶至高平見太祖，共論時事。太祖即請奉迎輿駕，仍命慶先還復命。時賀拔勝在荊州，帝屏左右謂慶曰：「高歡已屯河北，關中兵既未至，朕欲往荊州，卿意何如？」慶對曰：「關中金城千里，天下之彊國也。宇文泰忠誠奮發，朝廷之良臣也。以陛下之聖明，仗宇文泰之力用，進可以東向而制群雄，退可以閉關而固天府。此萬全之計也。荊州地非要害，　眾又寡弱，外迫梁寇，內拒歡黨，斯乃危亡是懼，寧足以固鴻基？以臣斷之，未見其可。」帝深納之。44

《北史》云：

> 宇文泰迎帝於東陽，帝勞之，將士皆呼萬歲。遂入長安，以雍州公廨為宮，大赦。甲寅，高歡推司徒、清河王亶為大司馬，承制總萬機，居尚書省。歡追車駕至潼關。45

《南史》也載其事曰：

> 是歲，魏孝武帝迫于其相高歡，出居關中。歡又別奉清河王世子善見
> 爲主，是爲孝靜帝。改永熙三年爲天平元年。魏於是始分爲兩。孝武
> 既至關中，又與丞相宇文泰不平，未幾，遇鴆而崩。46

孝武帝既奔關中，高歡便另立孝靜帝，乃議遷鄴。孝武帝欲倚宇文泰爲
援以抗高歡，以宇文泰爲大丞相，封安定公，專制朝政47。然孝武帝閨門不
肅，宇文泰令元氏諸王收平原公主殺之，由是與宇文泰有了嫌隙。

《北史》載其事云：

> 帝之在洛也，從妹不嫁者三：一曰平原公主明月，南陽王同產也；二
> 曰安德公主，清河王懌女也；三曰蒺　，亦封公主。帝內宴，令諸婦
> 人詠詩，或詠鮑照樂府曰：「朱門九重門九閨，願逐明月入君懷。」
> 帝既以明月入關，蒺自縊。宇文泰使元氏諸王取明月殺之。帝不悅，
> 或時彎弓，或時推案，君臣由此不安平。48

永熙三年（534年）宇文泰弑孝武帝而立元寶炬（孝文帝孫）是爲文皇
帝，

《北史》云：

> 文皇帝諱寶炬，孝文皇帝之孫，京兆王愉之子也。母曰楊氏。……三
> 年，孝武與高歡構難，以帝爲中軍四面大都督。及從入關，拜太宰、
> 錄尚書事。孝武崩，丞相、略陽公宇文泰率　公卿士奉表勸進，三讓
> 乃許焉。49

後高歡另立孝靜帝，於是北魏分爲東魏、西魏。東魏政在高氏，西魏政
在宇文氏。

又云：

> 大統元年春正月戊申，皇帝即位於城西，大赦，改元。追尊皇考爲文
> 景皇帝，皇妣楊氏爲皇后。己酉，進丞相、略陽公宇文泰都督中外諸
> 軍、錄尚書事、大行臺，改封安定郡公。50

《西魏書》「東陽王榮大統十一年爲瓜州刺史」的記載，對於元榮封瓜
州刺史的時間，似乎與前節提到的許多資料都有出入，其實不然，元榮封瓜
州刺史的時間，前面已經討論過；認爲應當在北魏孝莊帝建義二年（西元529
年）之前。至於《西魏書》大統十一年（西元546年）；筆者認爲應當是元

太榮接受西魏再策封的時間。由上引各條史料得知；北魏經過幾度易主，武帝奔長安後，政出宇文氏，北魏已經名存實亡了，故《西魏書》所載元榮接受西魏任命的時間；這條和建義二年的語法是不同的；是說「東陽王爲瓜州刺史」；也就是說東陽王是主辭，「瓜州刺史」是受辭。可以看做是；西魏新政權重新任命元榮爲瓜州刺史。因爲元榮在孝莊帝建義二年前就已擔任過瓜州刺史了。這個紀錄還有一點值得注意的事；就是該條還記載著元榮之死，所以是以過去式的敘述方式；追溯元榮被封爲瓜州刺史的事；又據《西魏書》51 和《申徽》傳、都提到元榮死於瓜州，並牽涉到元榮死後瓜州政權轉移的情況；《周書・申徽》傳云：

> 先是，東陽王元榮爲瓜州刺史，其女婿劉彥隨焉。及榮死，瓜州首望表榮子康爲刺史，遂殺康而取其位。屬四方多難，朝廷不遑多問，因授彥刺史。頻徵不奉詔，又南通吐谷渾，將圖叛逆。文帝難於動眾，欲以全致之。乃已揮爲河西大使，密令圖彥。52

《周書》稱元榮女婿「劉彥」、《西魏書》稱「鄧彥」，《令弧整》傳 53 也做「鄧」校勘亦說不出那個姓是正確的 54，但若參照大統八年《摩訶經》的題記；鄧彥之妻昌樂公主的寫經題記（引文如後），姓「鄧彥」的可能性是比較大的。據此也印證元榮死於瓜州，是不爭的事實。因此、我們也可以認爲元榮去世的時間，應早於大統十一年（546）。關於元榮去世的時間；雖然還不能確定，但「大統八年」應該是一重要的時間。

《摩訶經》的題記曰：

> 大魏大統八年十一月十五日佛弟子瓜州刺史鄧彥妻昌樂公主元敬寫《摩訶經》一百部 55。

這一條題記可以說明，大統八年時東陽王元榮已不在世，由題記內容應該是他女兒爲死去的元榮祈求亡魂不再受塵勞，早往極樂世界而寫。因此我們可以斷定元榮可能死於大統八年之前。而根據《申徽》傳、的文意：「及榮死，瓜州首望表榮子康爲刺史，遂殺康而取其位。」56，可以看出來、大統十一年的記載是追述瓜州刺史在元榮死後發生的事，元榮往身後、鄧彥爲奪其位，而殺榮子康，不奉西魏之詔，私通吐谷渾謀叛，後文帝令申徽智取之。據此我們起碼可以確定元榮是死於大統十一年（546 年）之前；或是更早，或據《摩訶經》題記的資料；很可能是在大統八年（543）前後。由前面

的論證，可以確定東陽王元榮在瓜州的任期，應該起自北魏孝莊帝建義二年（西元 529 年）之前，至多到西魏大統八年（西元 542 年）。故他在瓜州至少有十四年的時間，另外建義二年之前可能還有幾年的時間是無法計算的。

　　另外東陽王元榮的寫經資料非常之多，這些抄經都有題記和時間；元榮的抄經題記時間；有「永安三年（530 年）」、「大代建明二年（531 年）」、「大代普泰二年（532 年）」、「大代大魏永熙二年（533 年）」，及他女兒的抄經時間「大魏大統八年（543 年）十一月十五日」[57]。既知「大統」是西魏文皇帝寶炬的年號，而寶炬共在位十七年（西元 53551 年）[58]，大統四年為西元 539 年，大統五年為西元 540 年，就第 285 窟北壁這些可辨識的題記年代記載，這些壁畫和供養人的完成時間，大約是在大統四年至大統五年前後。而這個時間也正是東陽王領瓜州刺史的時間。因此、我們便可以認為東陽王領瓜州刺史的時間與第 285 窟的時間應該是吻合的。

五、結論

　　第 285 窟是北魏時代的一個重要的洞窟，原因是它的內容是太和改制以後的新式樣，是非常具有代表性的洞窟，其型制、壁畫都很有特色。它除了在美學上有研究價值外，在史學上也是很有價值的；原因是當時的人在洞窟裡面留下了供養人的畫像和題記，但因為時代久遠，畫像和題記都漫漶而模糊難辨，而且、至今不能確定當初開鑿修建的窟主是誰？因此引起許多人的好奇，希望能找出證據，以證明它的窟主是誰？過去已有賀世哲和段文傑兩位先生為文；認為莫高窟第 285 窟的窟主很有可能是東陽王元榮；他們兩位因為多年在敦煌做研究，對於壁畫和服飾都有很獨到的研究但仍有許多疑慮要破解。筆者在翻閱史籍資料時、發現東陽王元榮擔任刺史的時間，應該是在建義二年（529 年）之前，最晚至大統八年（543 年）之間，這個時間正好與 285 窟供養人題記的時間可以吻合，卻一直很難處理元榮與高昌王任瓜州刺史時間的重疊，於是將這部份的史料重新排比，將元榮與高昌王任期的時間重新對照，破解的關鍵是在查證《魏書·官氏志》後，發現一條過去忽略的史料；找到北魏是唯一可以在一個州中，設置三個刺史的朝代，而高昌王又是一個有名無實的刺史，這才解決了元榮在瓜州任期的問題。又《魏書》記載的：大統十一年也是一條很吊詭的資料，若不是因為有元榮女兒抄經的

題記，也是沒辦法解釋的。現在我可以比較有信心地說：東陽王元榮在瓜州任刺史的時間；是從孝莊帝建義二年（528 年）之前到文皇帝寶炬大統八年（543 年）前後；他至少有十四年的時間在瓜州任內。由於元榮領瓜州刺史的時間有十四年之久，他才有可能在敦煌莫高窟完成許多事情；例如鑿窟造像等。本文僅針對元榮在瓜州的任期予以論證、澄清北魏同時間曾封高昌王爲瓜州刺史的歉慮、以及東陽王曾受西魏策封的事實、而確定東陽王元榮自建義二年前至大統八年（西元 529-542 年）約有十四年左右皆在瓜州、與 285窟供養人題記時間是吻合的。故不揣蹇陋爲文，希望能爲研究東陽王元榮爲第 285 窟窟主之補證。

【附　註】

註 1：《李克讓修莫高窟佛龕碑》載曰：莫高窟者，厥初秦建元二年（366），有沙門樂尊，戒行清虛，執心恬鏡，嘗仗錫林野，行至此山，忽見金光，狀有千佛，□□□□□造窟一龕。次有法良禪師，次從東屆此，又於尊師窟側，更即營造，伽藍之起，濫觴於二僧。…………復有刺史建平公，東陽王等各修一大窟，而後合州黎庶造作相仍，實神秀之幽巖，奇之淨遇。《李克讓修莫高窟佛龕碑》是李克讓修建莫高窟 332 窟的功德記，現僅存此碑殘石，敦煌研究院尚存該碑部份文字拓片，李永寧依據王重民的校訂本，結和敦煌研究院的實物，進行校對補缺，考證。後來宿白又依據 P2551 號卷和北大圖書館拓片進行校對補缺，考證，著成《李君莫高窟佛龕碑合校》一文在 1988 年發表。

註 2：賀世哲「從供養人題記看莫高窟部分洞窟的營建年代」，敦煌研究院編「敦煌莫高窟供養人題記」頁 197—198，文物出版社出版。1986 年 12 月、新華書局北京發行所發行。

註 3：段文傑「中西藝術的交匯點—莫高窟第二八五窟」《敦煌學國際研究討論會文集》（石窟藝術卷）頁 53，1994 年、甘肅民族出版社。

註 4：見《敦煌莫高窟供養人題記》頁 114-117，敦煌研究所編，文物出版社出版，1986年 12 月第一版、第一刷。

註 5：北魏自六鎮亂起，爾朱榮入洛，北魏政局大亂，及爾朱榮爲孝莊帝所殺，尒朱兆掌朝政；奉長廣王爲主，號年建明‧明年二月，又廢之而立節閔‧尒朱兆又被爾朱世隆所殺，高歡殺爾朱世隆。六月，高歡又推安定王爲帝於信都，復黜之，後

更立武帝。於是三少王相次崩殂，孝武帝忿高歡專擅，出奔長安依關西大行臺宇
文泰。高歡另立孝靜帝，永熙三年（534 年）宇文泰弒孝武帝而立元寶炬（孝文
帝孫）是爲文皇帝，於是北魏分爲東魏、西魏。

註 6：《西魏書》載孝武帝崩，丞相略陽宇文泰率群公卿上表勸進，三讓乃許焉。文帝
　　　即位；自大統元年春正月到十七年春三月庚戌帝崩於乾安殿（西元 535-551
　　　年）。；《西魏書》帝紀一、十一頁 11-16。《新校本魏書附西魏書》4 鼎文書
　　　局發行，中華民國八十七年年九月九日。

註 7：《西魏書》卷十一、頁 9。餘同上。

註 8：《西魏書·地域考》八、三下，頁 5。《新校本魏書附西魏書》4 鼎文書局發行，
　　　中華民國八十七年七月九日。

註 9：《周書》卷三十二、列傳第二十四「申徽」傳、頁 556。；《新校本周書附索
　　　引》鼎文書局發行，中華民國八十七年七月九日。

註 10：《周書》卷三十六、列傳第二十八「令狐整—子熙、整—弟休」傳、頁 641。
　　　《新校本周書附索引》餘同上。

註 11：《周書》；「令狐整」傳校勘記云；〔二一〕刺史魏東陽王元榮，《魏書》卷
　　　一一孝莊紀永安二年閏七月「封瓜州刺史元太榮爲東陽王」。這裏作「元榮」，
　　　是雙名單稱。《新校本周書》卷三十六「列傳」第二十八、頁 653。，餘同上。

註 12：《魏書》卷「十、帝紀第十「敬宗孝莊帝—子攸」、頁 263。《新校本魏書》
　　　1，餘同上。

註 13：《北史》本紀卷五、魏本紀第五、敬宗孝莊帝—元子攸、頁 164《新校本北
　　　史》，餘同上。

註 14：《魏書》卷「十、帝紀第十「敬宗孝莊帝」子攸、頁 258。《新校本魏書》1，
　　　餘同上。

註 15：《北史·魏本紀》卷五魏本紀第五、頁 172；「孝武帝元脩」也說：「冬十月
　　　癸未，以將軍、瓜州刺史、泰臨縣伯、高昌王麴子堅爲儀同三司，[一七]進爵郡
　　　公。」。又同紀第五、頁 201；校堪記曰「[一七]高昌王麴子堅爲儀同三司各本
　　　「麴」作「趙」，殿本據魏書改作「麴」。按高昌王姓麴氏。麴堅，麴嘉子。見
　　　本書卷九七高昌傳。殿本是，今從之。《魏書》帝紀第十「孝莊帝」，稱「高昌
　　　王世子光」；而帝紀第十一「出帝」，稱「高昌王麴子堅」；又卷一百一補、列
　　　傳第八十九、「高昌」亦稱：「嘉死，贈鎮西將軍、涼州刺史，子堅立」；《北

史》此處稱「堅」，皆說是嘉死、子堅立，當爲同一人。

註 16：《魏書》卷一百一補、列傳第八十九「高昌」、頁 2244-2245《新校本魏書》
　　　　3，餘同上。

註 17：《梁書》卷五十四、列傳第四十八、西北諸戎「高昌國」頁 811《新校本梁
　　　　書》。餘同上。

註 18：《魏書》卷一百一補、列傳第八十九「高昌」、頁 2244。《新校本魏書》3，
　　　　餘同 33。

註 19：《魏書》卷九、帝紀第九「肅宗－孝明帝詔」、頁 232。《新校本魏書》1，餘
　　　　同上。

註 20：《魏書》卷一百一補、列傳、第八十九「高昌」頁 2245《新校本魏書》3，餘
　　　　同上。

註 21：同註 19，頁 235。

註 22：同註 19，頁 242。

註 23：同註 19，頁 242。

註 24：內庭胡后專權，恣爲淫亂，恐爲孝明帝所知，於是母子嫌隙屢起。

　　　　時太后得志，逼幸清河王懌，淫亂肆情，爲天下所惡。……探後自已行部修，懼
　　　　宗室所嫌，於是內爲朋黨，防弊耳目，肅所親信者，太后多以事害之，……母子
　　　　監嫌隙旅啓。鄭儼慮禍，乃與太后計，因潘充華生女，太后詐以爲男，便大赦改
　　　　年。肅宗之崩，事出倉卒，時論咸言鄭儼、徐紇之計。於是朝野憤嘆。《魏書》
　　　　卷十一（補）列傳第一、皇后、「宣武靈皇后-胡氏」頁 339-340。《新校本魏書
　　　　附西魏書》1《鼎文書局》發尋。中華民國八十七年九月九版。餘同上。

註 25：武泰元年（西元 528 年），孝明帝暴崩，爾朱榮自晉陽舉兵入洛陽，問孝明帝
　　　　暴崩之狀，執胡后，沉之於河。並殺高陽王以下兩千餘人北魏世族幾盡：《魏
　　　　書》云：

　　　　榮以兵權在己，遂有異志，乃害靈太后及幼主，次害無上王劭、始平王子正，又
　　　　害丞相高陽王雍、司空公元欽、儀同三司元恒芝、儀同三司東平王略、廣平王
　　　　悌、……齊郡王溫，公卿以下兩千人。……。語再榮傳。《魏書》卷十、帝紀第
　　　　十、「敬宗孝莊帝紀」子攸、頁 256，。《新校本魏書附西魏書》1《鼎文書局》
　　　　發行。中華民國八十七年九月九版。

註 26：爾朱榮立孝莊帝，自歸晉陽，遙制朝政。「爾朱榮」傳云：

榮身雖居外，恒遙制朝政，廣布親戚，列為左右，伺察動靜，大小必知。……榮聞所啓不允，大為恚恨，曰『天子由誰得立，今乃不用我語。《魏書》卷七十四列傳第六十二、「爾朱榮」傳見頁 1654-1655。載《新校本魏書附西魏書》3，餘同上。

註 27：《魏書》卷「十、帝紀第十「敬宗孝莊帝」子攸、頁 258。《新校本魏書附西魏書》1《鼎文書局》發行。中華民國八十七年九月九版。

註 28：同註 27。

註 29：同註 27、頁 258。

註 30：《魏書》卷一百一、列傳第八十九「高昌」傳、頁 2245。《新校本魏書》3，餘同上。

註 31：《北史》卷九十七、列傳第八十五、「西域－高昌」、頁 3214《新校本北史》。餘同上。

註 32：《漢書、田蚡傳》：「君除吏盡未吾亦欲除吏」凡言除者，除去故官，就新官也。

註 33：《魏書》卷「十、帝紀第十「敬宗孝莊帝」子攸、頁 263。《新校本魏書》1，餘同上。

註 34：《魏書》卷一百一十三、官氏志：頁 2972-2976。《新校本魏書》4，餘同註 28。

註 35：同註 34、2995。

註 36：同註 31。

註 37：《魏書》卷十一、帝紀第十一「出帝-脩」頁 288《新校本魏書》1、餘同上。餘同上。

註 38：《北齊書》卷一、帝紀第一、神武帝上頁 9《新校本北齊書》餘同上。
　　　既而神武至洛陽，廢節閔及中興主而立孝武。孝武既即位，授神武大丞相、天柱大將軍、太師、世襲定州刺史，增封並前十五萬戶。神武辭天柱，減戶五萬‧壬辰，還鄴，魏帝餞於乾脯山，執手而別。

註 39：《西魏書》卷十二、諸王列傳二「東陽王榮」、頁 9《新校本魏書附西魏書》4。餘同上。

註 40：戊戌，帝殺榮、天穆於明光殿，即榮子儀同三司菩提。《魏書》卷「十、帝紀第十「敬宗孝莊帝」子攸、頁 265。《新校本魏書附西魏書》1《鼎文書局》發

行。中華民國八十七年九月九版。

註41：《魏書》卷「十一、第十一「廢出三帝紀」、頁 273-282。《新校本魏書附西魏書》1《鼎文書局》發行。中華民國八十七年九月九版。

註42：同註 41、頁 291。

註43：同註 41、頁 298。

註44：《周書》卷二十二、列傳第十四、「柳慶」傳、頁 369-370；《新校本周書附索引》。鼎文書局印行，中華民國八十七年七月九版。

註45：《北史》卷五魏本紀第五「孝武帝—元脩」頁 173《新校本北史》。餘同上。

註46：《南史》卷七、梁本紀中、第七「武帝」下、頁 211。《新校本南史》，餘同上。

註47：《北史》卷五魏本紀第五「西魏文帝元寶炬」頁 175《新校本北史》餘同上。

註48：《北史》卷五、魏本紀第五「孝武帝元脩」頁 174。《新校本北史》。餘同上。

註49：《北史》卷五、魏本紀第五「西魏文帝—元寶炬」頁 174-175。《新校本北史》，餘同上。

註50：《北史》頁 175、於同上。

註51：同註 47。

註52：《周書》「申徽」傳；載於《新校本周書附索引》卷三十二、列傳第二十四、頁 556。鼎文書局發行，中華民國八十七年七月九日。

註53：《周書》卷三十六、列傳第二十八「令狐整—子熙、整—弟休」、頁 556。《新校本周書附索引》出版同上。

註54：《周書》「申徽」傳張森楷校勘記㈡：其女婿劉彥隨焉，張森楷云：「令弧整傳「劉」作「鄧」。」按《通鑑》卷一五九 4936 頁也作「鄧」，《冊府》卷六五七 7871 頁作「劉」。未知誰是。《周書》卷三十二、列傳第二十四、頁 566。於同註 53。

註55：引自段文傑「中西藝術的交匯點—高窟第 285 窟」文，頁 53，於同註 3。

註56：《周書》「申徽」傳，同註 49。

註57：引自段文傑「中西藝術的交匯點—高窟第 285 窟」文，頁 53，於同註 3。

註58：《西魏書》卷一、帝紀十一、頁 6、載：「孝武帝崩，丞相略陽宇文泰率群公卿上表勸進，三讓乃許焉。大統元年春正月戊申朔皇帝即位於城西。……」。《西魏書》卷一、帝紀十六、頁 8 載：「十年春三月庚戌帝崩於乾安殿，年四十

五，下葬於永陵上諡曰文皇帝」。《新校本魏書附西魏書》。鼎文書局發行，中華民國八十七年年九月九日。文帝即位；自大統元（535 年）年春正月至十七年（551 年）。

"A Complete Person" Living in the Gogmagogsville: A Study of Saul Bellow's *The Theft*

林莉莉
Li-li Lin
人文及社會科學科副教授

摘　要

本文探討索爾・貝婁小說中一位住在紐約的中產階級婦女，如何經歷一段自我發現的過程，而與她口中的末日之城合而為一，成為“完整之人”。

The Theft is Saul Bellow's fourteenth book, a paperback novella published in 1989. After its publication, in an interview Sybil S. Steinberg asks Bellow why *The Theft* has a female protagonist. Bellow answers,

> Maybe one benefit of aging is that I'm mellower. I think it's just a uniformed detraction of me to say that I've never have important ladies in my stories. (In Cronin 239)

Bellow also argues that *The Theft* is not a "lighter" book than *Henderson The Rain King* or *Herzog*. He says,

> I consider it (*The Theft*) a more straightforward story. I think I've now done all the thinking that I'm going to do. All my life long I have been seriously pondering certain problems and I'll probably continue to do that, but I'm now in a position to use this pondering as a background for the story, and not intrude it so much into the narrative. (In Cronin 239)

Bellow's being "mellower" partially explains why his later novellas, *The Bellarosa Connection* (1989), *Something to Remember Me By (1989)*, and *The Actual* (1997) are all "more straightforward." Like the senile author, who is using his "pondering as a background for the story, and not intrude it so much into the narrative," his protagonists need no more mental notes filled with transcendental philosophical thinking and explanations. They are "the real thing" that Bellow depicts in his stories (In Cronin, Steinberg 238).

They are "real" in the sense that they fully understand themselves; they know what they want, they do what they want to do; and most important of all, they show their true selves to the world. In *Something*, Grandpa Louie tells his grandson an embarrassing event happened in his teenage in which he was stripped naked, forced to put on female clothing, made to cook for an alcoholic's young girls to exchange the man's clothes and the bus fare home. Louie tells the story as a legacy to his grandson. In *The Actual*, Harry Trellman comes back to his hometown Chicago, in which he was seen as a foreigner because of his Oriental looks, to "the actual" Amy, a woman whom he has loved for forty years, though she has married three times when he is away. In *The Theft*, Clara's lover Ithiel doesn't want to marry her. She makes him buy her an emerald ring as a love token. Though Ithiel is her only love, Clara still goes in and out of marriages, and she never hesitates to tell everyone that Ithiel is her only love. Saul Bellow's being "mellower" contributes to the fabrication of these "straightforward" characters.

In straightforward ways, Grandpa Louie's legacy to his grandson is completed by his youth secret; Harry Trellman's life is completed for marrying Amy; Clara Velde's life might be more perfect for having a true love. At the end of *The Theft*, Gina tells Clara that at the first time they meet, she decides that Clara is "a complete person" (108)*. How is Clara presented as a "complete person" in this disordered city, New York, which she calls Gogmagogsville (12)?

Clara is a successful businesswoman living in a decent apartment on the Park Avenue, New York City. She is a capable bread-earner of the family, but, deep inside, she is a country girl with "old-time religion" (46) in her. She talks about hell fire and punishment all the time. Her being religious, however, can't keep her faithful to her husbands. She is faithful to her long-time lover Ithiel only. After she fails in making Ithiel marry her, she has been married four times trying to find a soul mate, but she fails and reluctantly stays with her fourth husband. Her description of her fourth husband reveals that she is in a predicament many capable women are facing today. Her marriage explains why she keeps on seeking and cannot give up her obsession with the man who doesn't want to marry her. Clara's relationship with Ithiel constitutes the skeleton of the novella. Opdahl points out, "In a very real sense Bellow's protagonists are . . . victims of the forces that lie behind sexuality . . . .. Bellow uses sex, in short, to define our place in the universe" (1). This is partly true to Clara. She describes how Ithiel is sexually appealing to her. But a more important reason is that she needs someone to love and someone worthy her love. Cohen also points out that Saul Bellow "views sex as an expression of love . . . .. But after the dissolution of one love affair after another . . . [He] only turned to love to avoid the grimness of the impersonal world. He had permitted sex to fool him into thinking that he had fused with another person and was not alone" (223). Four marriages do not bring Clara sense of security and a man she can rely on. Ithiel, in her disappointment, becomes her surrogate husband, and the emerald ring he buys for her becomes more than a love token.

Clara and Ithiel can never be husband and wife, because she is so inconsistent before him. When they are in bed, Clara acts like a country girl; she condemns him with knowledge from *The Bible*. She can worship Ithiel for his being an important person in Washing D.C., but when she thinks he needs consolation, she acts like a mother to him. And ironically, whenever Ithiel comes to New York, they meet at a cathedral. The meeting place shows Clara's "confused inner life" (4); while she believes in the hell fire, she has a long-time extramarital affair.

While Clara calls New York "Gogmagogsville" (12), she chooses to live and raise her children there. In "Ezekiel" of *The Old Testament*, Gog from the land of Magog is the enemy of the land of Israel in the prophesy (38: 2-19). In "Revelation" of *The New Testament*, Gog and Magog are sent by Satan to battle on the earth (20: 7-8). New York as Gogmagogsville is a city hostile to Christians, or law-abiding people, a city facing the Last Judgment. The term Gogmagogsville first appears when Clara is worried about the young girl Gina Wegman's safety in New York. She thinks, "So could it be a serious Mrs. Wegman back in Vienna, the mother, who had given this Gina permission to spend a year in Gogmagogsville?" (12) After the theft, Clara changes her mind about Gina. When Gina tells Clara that she is going to return to Vienna and marry a man from her father's bank, Clara thinks, "Why, she was like the carnal woman in the *Book of Proverbs* who eats and drinks and wipes away all signs of lust with her napkin. . . . Before marrying this man from Daddy's bank the girl owed herself some excitement, and Gogmagogsville is the ideal place for it" (102). Clara's criticisms on Gina and her mother indicate that she in not only — "confused" but very human. Gina's mother sends her to New York as a student, while Clara's daughters are growing up there. Gina has sex with a boyfriend before marrying some one else, while Clara has an extramarital lover throughout four marriages. Is Clara typical in the Gogmagogsville, a dangerous place?

When Clara's therapist, Laura Wong, asks her if she let the governess Gina ride the subway, Clara says, "All I can do is pray she'll be safe. . . . What a woman needs today is some slum experience" (46). New York is compared to a slum where women should be capable of dealing with anything happen on the streets. Then, later in the story, Clara describes Gina in a party held in Clara's apartment as "how a pioneer woman dealt with an Indian war party when her husband was away" (60). The "Indian war party" can be any party held by young New Yorkers. To Clara, they are Christian's enemies sent by Satan while Gina is the innocent Christian girl. As a matter of fact, Gina doesn't care the least who Frederic, the Haitian boy she makes love with, is. She is the "rebellious Gina" who is "chancing in on her own" (12). Gina tells Clara how Frederic sees people like Clara. She says, "He said that people on Park Avenue didn't understand anything. They didn't like trouble and relied on security to protect them. Once you got past the security arrangements in the lobby, why, they were just helpless as chickens. Lucky if they weren't killed. No idea of defense" (101). While New York is also dangerous in illegal immigrants' eyes, it is even more dangerous than Clara can imagine.

Though New York in *The Theft* "is hardly present except as a city of interiors"

(Glenday 180), the theft does bring out the characteristics of New York's being Gogmagogsville. In other words, each resident of New York, people like Clara, helps to shape the character of the Gogmagogsville.

The majority of the story is the contents of Clara's sessions with her psychotherapist, Laura Wong. Their interaction shows that they don't really trust each other. Clara is kind to Gina, her daughter Lucy's foreign governess, Gina. Claiming how much she loves Gina and how much she is worried about Gina's safety in the city, Clara forces Gina to go to Harlem in the night to retrieve her stolen ring. As a matter of fact, Clara lies about the ring. When Clara finds out the ring is missing, she becomes so anxious and helpless that she goes to her psychologist and then calls Ithiel asking him to come to New York, because the ring is her "life support" (70), "the sudden knowledge that it was gone came over her like death and she felt as if the life had been vacuumed out of her" (68). Is the ring really so important to her? In the beginning, she keeps the ring just because she is a "sentimental" "girl from the backwoods." "She kept souvenirs, family photographs, lace valentines, and she cherished the ring Ithiel had bought her" (40). Then she finds that the ring is valuable. Besides, legally the ring doesn't belong to her. The ring is lost once and the insurance company has paid for her loss. When she finds it under her bed, she doesn't return the money to the insurance company. The ring certainly has sentimental value to Clara, but how can she risk Gina's life for something doesn't belong to her? Clara once identifies herself with young Gina. Her so-called love to Gina proves to be instant passion to an inexperienced girl like young Clara. Clara is either too naive or too ego-centric.

Besides, Clara patronizes people. She has a "scale" for measuring people. She discriminates against color people. And she believes in the power of money. When the private eye she hires finds Gina, she thinks 200 dollars can make Gina show up at her apartment. Obviously she is wrong. When Clara is talking to Laura about desiring "a quiet life" and coming terms with her "anti-rest" character, she even doubts that Laura wants to make "move on him (Ithiel)" (91). After knowing that Gina is leaving the country, Clara even intends to make arrangement for Gina's future by asking Ithiel to take her to D.C. Ithiel can read her mind; he knows that she wants Gina to take her place in Ithiel's life and then he will be "in safe hands" (59). Clara treats Gina, and also Ithiel, like her property. Ironically, Clara still claims she loves Gina for doing all these. Clara's false idea of love makes her an arrogant, domineering person. Christhilf makes an insightful criticism on Bellow's cities:

> With the exception of *Henderson the Rain King*, all of the novels of Saul Bellow have for their setting recognizable American city-scapes, and undeniably they affirm the urban milieu as the locus for modern man's self-discovery. Yet the affirmation is as difficult as recognition of death itself, for the city in Bellow's novels is invariably seen as an inferno which threatens man's sanity and dignity at each turn. In the mainstream of the modern tradition which views the city as an end-of-the-world place, Bellow's fictional city also has mythic, apocalyptic overtones. For Bellow there is no escape from the fact that the city, always the emblem of cultural achievement, now represents the threat of cultural disintegration. (9)

Though in this novella Bellow does not make in-depth discussions on culture, we see how an ordinary middle-class woman with the sense of New York's being an "end-of-the-world" city realizes how she becomes a part of it through "self-discovery.".

Clara may not realize that she has helped the growth of Gogmagogsville until hearing Gina's comment on her before she returns to Europe. Gina tells her, "You have a manner, Mrs. Velde. As if you were directing traffic" (107). "You were firm, according to *your* lights. I decided that you were a complete person, ... I believe you pretty well know who you are" (107-08). "You look around for something to take hold of, and where is it? I see it in you, ..." "Which people are the lost people? This is the hardest thing of all to decide, even about oneself. . . . Lost people lose 'valuables.' You lost this particular ring" (108). After Gina leaves, Clara is shattered, totally breaks down and overwhelmed by her own tears. She feels like an insane "homeless" on the street. What Gina says really makes her feel lost. Gina may not know that she points out Clara's worst faults. In the beginning, Clara keeps "this particular ring just because it is "valuable." And to others, Clara seems to know who she is. In fact, she doesn't until Gina fininshes talking to her in the end of the story. Gina's comment on Clara brings about an epiphany on her and really makes her a "complete" person in the sense that she "really" knows who she is now.

*Hereafter quotations from Saul Bellow's *The Theft* will be given page numbers only.

Works cited

1. Bellow, Saul.   *The Actual*.   New York: Viking Penguin, 1997.

2. Bellow, Saul.   *Something to Remember Me By*: Three Tales.   New York: Signet, 1991.

3. Bellow, Saul.   *The Theft*.   New York, N.Y.: Penguin Books, 1989.

4. *The Holy Bible*.   A King James Version.   Nashville: Holman Bible Publishers, 1982.

5. Christhilf, Mark M.   "Death And Deliverance In Saul Bellow's Symbolic City."   *Ball State U. Forum*, 18, ii: 9-23.

6. Cohen, Sarah Blacher.   "Sex: Saul Bellow's Hedonistic Joke."   *Studies in American Fiction*, 2: 223-29.

7. Cronin, Gloria L. and Ben Siegel, eds.   *Conversations with Saul Bellow*.   Jackson: University Press of Mississippi, 1994.

8. Glenday, Michael K.   *Saul Bellow And The Decline Of Humanism*.   London: McMillan Press, 1990.

9. Opdahl, Keith.   "'Strange Things, Savage Things': Saul Bellow's Hidden Theme."   *The Iowa Review*, 10; iv (1979): 1-15.

Blues in *Corregidora*

康家麗
Chai-Li Kang
人文及社會科學科副教授

摘　要

　　於蓋爾瓊斯的 *Corregidora* 一書中，作者主述奴隸制度雖已成為過去式，奴隸也已解放，但奴隸們所受之身心創傷對其後代有非常深遠之負面影響。文中女主角非裔美籍藍調歌手鄂爾莎生長於有著家族暴力背景之三代單親家庭，其曾外祖母受到葡裔莊園園主之性侵犯生下一女，待此女年長又受到園主之強暴生下鄂爾莎之母。「受害者情結」使得鄂爾莎之母及鄂爾莎本人，雖非奴隸但均無法正常經營婚姻關係而遭到失婚之命運。本文旨在探討鄂爾莎如何寄情於藍調，希冀經由歌聲宣洩轉移情感，並在愛恨情仇掙扎中尋求平衡，繼而走出家暴及婚暴之陰影，找到生命之出口。

　　Harryette Mullen, the literary critic, argues in "Runaway Tongue: Resistant Orality in *Uncle Tom's Cabin*, *Our Nig*, *Incidents in the Life of a Slave Girl* and *Beloved*" that in contrast to Frederick Douglass' model of the fugitive slave as having appropriated literacy en route to freedom and manhood, writers such as Harriet Jacobs and Harriet Wilson use oral transmission, which "passed on the verbal skills of runaway tongues: the sass, spunk and infuriating impudence of slave who individually and collectively refused to know their place" (245). In this way, resistance is configured when literal escape is impossible. Black women writers not only represent "talking back" as a site of resistance within the text, but also use the text as "talking back" to predecessors like Stowe and Douglass. Such texts "tend to stress orality as a presence over illiteracy as an absence," and as a result, become stories of collectivity and assertions of personal dignity as well. Gunilla T. Kester suggests that writers such as Gayl Jones, Alice Walker, Toni Cade Bambara, and Toni morrison utilize the trope of healing to measure past and present oppression of women of color and to discuss what can and what cannot be healed, forgotten, or forgiven (114). In the present paper on Gayl Jones' *Corregidora*, I would stress that in addition to resistance, the use of orality which includes the presence of blues or jazz also serves as a powerful medium for healing from the on-going effects of slavery.

While Mullen's primary interest in *Beloved* is the mother/daughter dyad of Sethe and Beloved's oral transmissions, she also emphasizes the importance of the character of Baby Suggs, holy. Mullen praises that Morrison creates in Baby Suggs, holy a "figure that combine(s) the secular representation of a blissful black body, emancipated from the negative social inscriptions of slavery, racism and sexual exploitation, with the spiritual empowerment of the African American prophetic tradition" (264). Mullen argues that while Baby Suggs, holy preaches loving bodies dehumanized by "white masters and mistresses," she preaches sermons that seek to go beyond rectifying the harm done by individual oppressors of one generation of African Americans when she ministers in the clearing. In this place, Baby Suggs, holy calls for the children to laugh for their parents, the fathers to dance for their children and wives and the mothers to cry for the living and the dead. After the roles mix, and everyone is exhausted, she cries, "in this here place we flesh: flesh that weeps, laughs; flesh that dances on bare feet in grass. Love it. Love it hard. Yonder they do not love your flesh. They despise it" (*Beloved* 88). Baby Suggs, holy understands that the abuse that so many have suffered goes deeper than scars and memories in the mind to become memories of the flesh that can only be rectified with an abandoned self-love experienced as collectively. Together, they sing in the clearing "until the four-part harmony was perfect enough for their deeply loved flesh" (89).

In the historical context of *Beloved*, Baby Suggs' exhortations anticipate the kind of pain and agony, internalized post-slavery, that Gayl Jones makes so physically powerful in Ursa's self-loathing in *Corregidora*. It is this collectivity of pain and potential for release that Ursa tries to tap into the blues. Ursa's orality, as opposed to her foremothers', produces something while telling the ugliness, hopefully offering her a space to heal so that she may love her flesh, rather than solely trapping her into "an oral record of atrocities endured in slavery" (Mullen 249). Gunilla T. Kester also remarks that in novels such as *Corregidora* and *The Color Purple*, where women learn to sing the blues and to confront paralyzing fear, anger and pain, the blues, to quote Ursa Corregidora, helps them " to explain what cannot be explained" (114).

Ursa Corregidora, the main character in *Corregidora*, is a young blues singer in Happy's Cafe. One night her husband Mutt starts a fight about her singing in public. In rage, he pushes her and she falls down the stairs behind the cafe. In the hospital she is found approximately one month pregnant. However, the doctors find it necessary to perform a hysterectomy because she bleeds severely. Childless and barren, Ursa can never fulfill the pledge made by the foremothers in the family "to make generations." She comes from a family of abused women and women abusers. Each Corregidora woman gives birth to a daughter who must memorize the family history framed by slavery and rape, and vow vengeance against oppressors by orally passing on the family history. An offspring of a Portuguese plantation and slave owner who fathered Ursa's grandmother, who was his own daughter by her slave great-grandmother, Ursa Corregidora has been told to make generations to give evidence of the slave owner's abuse since she was five. Her grandmother would tell her the story about how oppressors erased evidence of the crimes of the past: "'And then that's when the officials burned all the papers cause they wanted to play like what had happened before never did happen. But I know it happened, I bear witness that it happened'" (79). According to her grandmother, the officials didn't want to "'leave no evidence of what they done—so it couldn't be held against them.'" However, by giving birth to Ursa's mother, she could pass on the family story to "leave evidence" of abuse. When the written record is nowhere to find, the oral pledge must come on the scene.

The Corregidora women consistently identify themselves with what Amy S.

Gottfried terms "walking womb(s)" (565). Thus Ursa's sterility troubles her and tortures her to the extent that she can never forget "'the space between (her) thighs. A well that never bleeds'" (99). Without an heir, she cannot do what her fore-mothers have done: "'My great-grandmother told my grandmama the part she lived through that my grand-mama didn't live through and my grandmama told my mama what they both lived through and my mama told me what they all lived through'" (9). When "leaving evidence" is the sole "purpose" of life, her life now becomes meaningless. Seeing herself as a vehicle of reproduction and victim of violence, she is trapped by a greatly distorted sense of self derived from her familial memories. Jerry W. Ward claims that Ursa "accepts the limits by her great-grandmother and her grandmother, the limits that destroyed her mother's marriage" (253). He also remarks that Ursa "never rebels, never seeks alternatives, never breaks free of the constrictive role ordained by others." At a time, this seems to bear truth. Ursa had always thought that she was different from all her foremothers until she sees a picture of her and Tedpole, her ex-husband of the second marriage, and realizes that she, too, is a Corregidora woman—"I'd always thought I was different. Their daughter, but somehow different. Maybe less Corregidora. I don't know. But when I saw that picture, I knew I had it. What my mother and my mother's mother before her had. The mulatto women" (60). Not only does she have the same look as her foremothers except her great grandmother, who was "the coffee-bean woman," Ursa, the girl whose "veins are centuries meeting" (46) awaits her destiny as other Corregidora women. However, I would like to argue that Corregidora's legacy does not win out eventually. Ursa does try to cut loose from the cycle of violence and victimization. Her Gram used to tell her: "'They burned all the documents, Ursa, but they didn't burn what they put in their minds. We got to burn out what they put in our minds, like you burn out a wound. Except we got to keep what we need to bear witness'" (72). Here Ursa learns the possibility of both "bearing witness" by keeping the scar and healing the psychic injuries by burning out the wound. If she wants to get rid of "what they put in (her) mind," and regain her identity and subjectivity, she has to "make sense of that history in terms of her own life" (Rowell

45). The problem left for her to resolve is how she negotiates between her familial history and her present life.

With her accident and her two failed marriages, Ursa goes on an important trip to visit her Mama for the purpose of knowing how her Mama, who has never been a slave, regards the familial history and her own failed marriage.

In her talk with her mother, Ursa finds that although Mama has never met her own father Corregidora in her life, she is trapped by the Corregidora legacy and her self-identification with reproductivity. Mama makes her husband Martin a tool for revenge. She tells Ursa: "' . . . I knew I wasn't looking for a man'" (117), but "' . . . my whole body knew it wanted you, and knew it would have you, and knew you'd be a girl'" (114). Mama needs a man to conceive a daughter to leave evidence instead of a man whom she has feelings for—she remembers her first sexual experience: "'I wouldn't let myself feel anything'"(118). Mama's self-identification with walking womb and angry victim of abuse completely destroys her sexuality and ruins her relationship with Martin. She even tells Ursa: "'I carried him to the point where he ended up hating me, Ursa. And that's what I knew I'd keep doing. That's what I knew I'd do with any man'" (121). By giving birth to Ursa, Mama has fulfilled her pledge and by retaining her maiden name, Mama is symbolically married to Corregidora not to Martin. Bound and consumed by "the memory of all the Corregidora women" (129), Mama has never been able to develop and maintain normal relationship with any man.

Afte her long talk with her mother, Ursa is thinking of "what had I done about *own* life?" on the train back to town (132) Ursa sees the urgent need of accessing and reevaluating her role as a victimized Corregidora woman. She doesn't want to repeat Great Gram's stories as her daughters have been doing. Her internalized anger and frustration need an outlet.

Like Shug in Alice Walker's *The Color Purple*, Ursa expresses herself through the blues. After the accident that deprives her of her ability to bear witness, she still sings, but sings differently. As Cat Lawson, Ursa's friend, remarks on her way of singing: "' . . . it sounds like you been through something. Before it was beautiful too, but you sound like you been through more now'" (44). Infusing her music with rage, Ursa's voice becomes the medium through which she empowers and redefines herself (Gottfried 567). She sings "All those blues feelings" (50) and sings "about trouble" (51). Most important of all, she wants to sing a song, a song "that would touch me, touch my life *and* theirs. A Portuguese song, but not a Portuguese song. A new world song. A song branded with the new world" (59). Mama calls blues "the devil's music" because she thinks that all songs that are not devoted to the Lord are of the devil. For Mama, Ursa's singing the blues is like singing her own destruction. However, in an imaginary talk with her mother, Ursa tells Mama: "'... if you understand me, Mama, you'd see I was trying to explain it, in blues, without words, the explanation somewhere behind the words. To explain what will always be there. Soot crying out of my eyes'" (66).

In *Blues, Ideology and Afro-American Literature*, Huston A. Baker observes that the blues' instrumental rhythms "suggest change, movement, action, continuance, unlimited and unending possibility" (8). "The singer's product," says Baker, "constitutes a lively scene, a robust matrix, where endless antinomies are mediated and understanding and explanation find conditions of possibility" (7). Jones herself has explained that *Corregidora* is a "blues novel" because "blues talks about the simultaneity of good and bad. . . . Blues acknowledges all different kinds of feelings at once" (Harper 700).

Jones rarely makes moral judgements in her work. Like Jones, Ursa doesn't either. While her foremothers speak repeatedly about sexual abuse and their hatred for Corregidora, Ursa ponders over the possibility of their sexual desire and pleasure: "And you, Grandmama, the first mulatto daughter, when did you begin to feel yourself in your nostrils? And, Mama, when did you smell your body with your hands?" (59) She puzzles over Great Gram's and Grandmama's odd obsession with Corregidora, a rapist and slave-breeder and meditates on how they really feel about their only man, or in Gottfried's words, "the only lover" (561) they ever have:

> Corregidora was theirs more than (Mama's). Mama could only know, but
> they could feel. They were with him. What did they feel? You know how

they talk about hate and desire. Two humps on the same camel? Yes. Hate and desire both riding them. . . . Still, there was what they never spoke . . . what they wouldn't tell me. How all but one of them had the same lover? Did they begrudge (Mama) that? Was that their resentment? (102-103)

Martin, Mama's ex-husband once raised an important question, a question that even Mama was afraid to ask: "How much was hate for Corregidora and how much was love?" (131) Martin's question corresponds to Ursa's thoughts on her foremothers' hate and desire for Corregidora. Her persistent questioning about this "love and desire" matter shows that the issue of retribution doesn't seem so clearly outlined and distinct any more. Furthermore, Mutt helps her get rid of the ambivalence passed on to her as the familial legacy by telling her a tale about his own great-grandfather, who tried to quench the fire of anger after "they took (his wife)" (183) by eating completely contradictory kinds of food. His great-grandfather wouldn't eat anything except onions and peppermint; he ate "the onions so people wouldn't come around him, and then (ate) the peppermint so they could" (183-84). Mutt once tried to imitate his great-grandfather, but found that "it didn't do nothing but make (him) sick" (184). By telling Ursa the story about his great-grandfather, Mutt suggests that a tight grip with the past won't work. In addition to Mutt's assistance, Ursa's blues helps her understand how hate and desire can mix. She must learn to negotiate between opposite forces of hate and desire, violence and love, and try to appreciate the intimacy between them. Shattering the mentality of victimization, she is eventually able to accept her ex-husband Mutt again.

Ursa breaks the silence, when she achieves an "epiphany" of self-realization, discovering her own voice and art through the African-American tradition of the blues (Byerman 180). The drunkard in the Cafe who tells her that "'next thang to blues is a good screw'" (168) also tells her that she "'made (him) feel real good sanging, . . . real good'" (170). Singing isn't sex; it is superior to it here, and it doesn't only do something for the singer, but for the audience as well. Ursa learns to acknowledge all different kinds of feelings in blues. She needs to abandon her damaged self-definition and to love her baby-less flesh, as does Sethe and her lost "crawling-already baby" in Morrison's *Beloved* in order to realize and articulate that they are their own "best things."

*Passages cited from *Corregidora* are hereafter given page numbers only.

Works Cited

Baker, Houston A., Jr. *Blues, Ideology and Afro-American Literature: A Venacular Theory.* Chicago: U of Chicago Press, 1984.

Byerman, Keith. *Fingering the Jagged Grain: Tradition and Form in Recent Black Fiction.* Athens: U of Georgia P, 1985.

Gottfried, Amy S. "Angry Arts: Silence, Speech, and Song in Gayl Jones's *Corregidora*." *African American Review* 28:4 (Winter 1994): 559-70.

Harper, Michael S. "Gayl Jones: An Interview." *Massachusetts Review* 18:4 (1977): 693-715.

Jones, Gayl. *Corregidora.* Boston: Beacon Press, 1975.

Kester, Gunilla T. "The Blues, Healing and Cultural Representation in Contemporary African Women's Literature." *Women Healer and Physicians: Climbing a Long Hill.* Lexington: UP of Kentucky, 1997. 114-27.

Morrison, Toni. *Beloved.* New York: Knopf, 1987.

Mullen Harryette. "Runaway Tongue: Resistant Orality in *Uncle Tom's Cabin, Our Nig, Incidents in the Life of a Slave Girl,* and *Beloved*." *The Culture of Sentiment: Race, Gender, and Sentimentality in Nineteenth-Century America.* Ed. Shirley Samuels. New York: Oxford Press, 1992. 244-64.

Rowell, Charles H. "An Interview with Gayl Jones." *Callaloo* 5 (1982): 32-53.

Ward, Jerry W., Jr. "Escape from Trublem: The Fiction of Gayl Jones." *Black Women Writers (1950-1980): A Critical Evaluation.* Ed. Mari Evans. Gardeb City: Anchor, 1984. 249-58.

Eliza's Quest for Independence

王丹青

Dan-ching Wang

人文及社會科學科講師

摘　要

為了擺脫街頭賣花女的形象，Eliza奮力不懈力爭上游，終於為自己創造了更寬廣的人生，也在做人處事上超越了她的指導老師，成為獨立自主之人。

Bernard Shaw's *Pygmalion* heavily stresses the role of accent as a social class determinant on both identity and acceptability in which the flower seller, Eliza Doolittle, presents a social dichotomy between what she says and behaves, and how she says and behaves. Eliza completely realizes "kerbstone English" (20) is "not only the product of her social deprivation, but also the factor which will ultimately reinforce it" (Mugglestone 380). As Henry Higgins, the professional phonetician, stresses in the opening that the flower girl's poor English "will keep her in the gutter to the end of her days" (20). After hearing the statement, Eliza attempts to rise in a society. She comes to Higgins next day for the transformation only in an accent way. But out of her expectation, Higgins is going to create a totally new social identity and acceptability for her by an exercise in phonetics, training in presence, and expenditure on her dress. She indeed makes all her efforts to adapt a new life by suffering from Higgins' indifference to both her in person and her fate. Confronting her teacher's dictatorial and thoughtless behavior, she holds back her unpleasant and offensive feelings all the time until the end of the experiment. Thoroughly she musters up her courage to rebel against his tyranny. She wants to hurt him, to get back some of her own, and she does so by making him lose his temper and show him that he can hurt himself if he has no respect for the feelings of others. In so doing, she wins her salvation, her freedom, and her independence.

Eliza appears in the play as a flower girl whose poor English could "be abandoned as unintelligible outside London" (13), whereas Higgins begins as the force and authority of the society because of his knowledge, talents, and capability. He despises Eliza's speaking with a severe attitude. He says: "A woman who utters such depressing and disgusting sounds has no right to be anywhere—no right to live" (20). He proceeds to show off his capability of changing Eliza's broken accents and bad behavior. Proudly, he speaks to a man who is standing beside him in public: "Well, sir, in three months I could pass that girl off as a duchess at an ambassador's garden party. I could even get her a place as lady's maid or shop assistant, which requires better English" (21). The boastful speech gives Higgins a lucky chance to recognize that the man he is talking to is his old friend Colonel Pickering, who has come from India to meet him. They go together back to Higgins' home and forget the flower lady standing beside them. But the flower girl doesn't forget what Higgins has said. She goes to find them and asks for Higgins' teaching business. She tells Higgins the ambition she would like to fulfill: "I want to be a lady in a flower shop stead of sellin at the corner of Tottenham Court Road. But they wont take me unless I can talk more genteel" (28). Higgins undertakes the task not because he really wants to help Eliza but because he would like to win the title, "the greatest teacher alive" (31), which Pickering will say if he could succeed in the experiment.

The moment the experiment begins is the moment Eliza begins to live like a slave without her own freedom and independence. Higgins cares about the sounds Eliza makes much more than about Eliza herself. He is neither considerate nor troubled by Eliza's fatigue and distress when the lessons are on day and night. In other words, he is interested in the subject of the experiment—making a duchess but doesn't regard her as a flesh-and-blood human being, which has the feelings to go with one. The teaching method he uses to Eliza may be effective and "practical, since Higgins knows exactly what he wants done, but it is hardly humane or even efficient" (Alexander, in Bloom28). Pickering questions the treatment: "Are you a man of good character where women are concerned?" (40). Higgins replies:

I find that the moment I let a woman make friends with me, she becomes jealous, exacting, suspicious, and a damned nuisance. I find that the moment I let myself make friends with a woman, I become selfish and tyrannical. Women upset everything. When you let them into your life, you find that the woman is driving at one thing and youre driving at another. (40)

Obviously, the relationship between Higgins and Eliza is like that "people of high culture appear to savages or even to the average man as cold, selfish, and unfeeling simply because of their inaccessibility to the common emotions and their freedom from ordinary affectionateness or jealousy" (Crompton, in Bloom 50).

Learning under the perception her teacher has, Eliza has no other choice except acts like a doll, accepting whatever she is told. When the experiment reaches its first stage, she is constrained to "two subjects: the weather and everybody's health—Find day and How do you do . . ." (58). She behaves like an imperfectly functioning mechanical lady when she appears in upper-class company. The imperfection doesn't trouble Higgins at all because he is intoxicated with "[i]nventing new Elizas" (69). Excitedly, he tells her mother: "But you have no idea how frightfully interesting it is to take a human being and change her into a quite different human being by creating a new speech for her" (69). He thinks he is Pygmalion, the life-giver from classical legend, who has made a person and could give a totally new life to the new person, Eliza. Completely different from Pygmalion, Higgins doesn't turn a statue into a human being; instead, he turns a human being into a statue, "an amenable slave" (Bentley 14), and even worse, a mechanical doll in the role of a fair lady. As a matter of fact, Higgins embodies much of the negative spirit of Pygmalion. As Errol Durbach figures out that Higgins is:

a ruthless professionalism in which doing something superlatively well in the interest of his art takes precedence over all human considerations, a sexlessness which prompts his contemptuous dismissal of all women (except his mother) as idiots, and an obsession with the creation of empty social forms. (93)

The experiment is going on to the second stage; Eliza appears in triumph at the ambassador's garden party. As Pickering describes it:

> Anyhow, it was a great success: an immense success, I was quite frightened once or twice because Eliza was doing it so well. You see, lots of the real people cant do it at all: theyre such fools that they think style comes by nature to people in their position; and so they never learn. (79)

In this scene Eliza has played a double character against herself in which the flower girl momentarily overtakes the role of the lady. However, enjoying their "great success", both Pickering and Higgins have forgotten Eliza, who completes the most difficult part of the experiment. It is a big shock to Higgins, coming back to the living room searching for his slippers, to find Eliza flinging herself furiously on the floor and snatching up his slippers hurling at him in despair and violence. Eliza's despair explains of her violence but Higgins doesn't find the reasons for the despair.

> Liza: I heard your prayer. "Thank God it's all over!"
>
> Higgins: [*impatiently*] Well, dont you thank God it's all over? Now you are free and can do what you like.
>
> Liza: [*pulling herself together in desperation*] What am I fit for? What have you left me fit for? Where am I to go? What am I to do? Whats to become of me? (82)

To push Eliza in a deeply distressful place, he suggests: "You should marry, you know" (82). For that Eliza angrily retorts upon him: "I sold flowers. I didnt sell myself" (83). Eliza has gained a new accent but lost her self-respect in the process. Her feelings are seriously wounded because of Higgins' unkind treatment and cruel statements. To Higgins, it is not a problem that he has considered because he is not interested in Eliza; therefore, when the experiment is over, he has failed to realize that he has a real human being on his hands.

Eliza believes that she is unfitted to sell flowers in the gutter. She feels wronged and rashly threats to marry Freddy in order to get rid of Higgins. However, an idea comes to her and she suddenly realizes that she has the knowledge which Higgins has taught her and which she can teach others. And she has some knowledge that Higgins does not have, and will never have—the knowledge of how to be kind and considerate to people. Then, she takes her rebellion to the third stage where she thinks she can play the role of a teacher better and more successful than Higgins does. She speaks: "You cant take away the knowledge you gave me. You said I had a finer ear than you. And I can be civil and kind to people, which is more than you can" (108). Again, she turns upon Higgins and tries to humiliate him as deeply as he has humiliated and hurt her. And now the climax is sharply on:

> Liza: I'll go and be a teacher.
>
> Higgins: Whatll you teach, in heaven's name?
>
> Liza: What you taught me. I'll teach phonetics.
>
> Higgins: Ha! ha! ha!
>
> Liza: I'll offer myself as an assistant to that hairyfaced Hungarian.
>
> Higgins: [*rising in a fury*] What! That impostor! that humbug! that toadying ignoramus! Teach him my methods! my discoveries! You take one step in his direction and I'll wring your neck. (108)

It is quite clearly that Eliza has gained her rebirth and from which she fears Higgins no more; for now, she has become not only a person but an independent person. With the cry of her victory, she finds her independence and her place in front of Higgins. Higgins has said arrogantly: "I can do without anybody. I have my own soul: my own spark of divine fire" (103). Now Eliza shouts back at him as proudly as he has done: "But I can do without you: dont think I cant" (103).

Eliza is talking to free herself. But Higgins doesn't make any change since the play starts; he has been talking to keep his domination over her until now. Higgins begins the play as a language expert, but Eliza is "in agony, concerned about arrest, her rights, and her virtue. Thus the plight of the poor is contrasted with the privileges of gentility, gutter slang is contrasted with the king's English, ignorance with knowledge, humanity with science" (Berst 66). Indeed, Eliza is always playing one of the lower class systems contrasted with the upper one Higgins is in. Although to

Eliza herself, she thinks she is a good girl with dignity, and great expectations, while to Higgins, she is personally a "baggage" (28) and professionally a phonetic experiment. In this sense, he is dehumanizing her, viewing her without any concern as the experiment is over. He warns Eliza:

> No use slaving for me and then saying you want to be cared for: who cares for a slave? If you come back for the sake of good fellowship; for youll get nothing else. You've had a thousand times as much out of me as I have out of you; and if you dare to set up your little dog's tricks of fetching and carrying slippers against my creation of a Duchess Eliza, I'll slam the door in your silly face. (104)

After listening Higgins' words, Eliza feels frustrated because he still doesn't understand that she has grown up, become strong enough and independent enough to be a real, new, and mature Eliza instead of his "creation of a Duchess Eliza." She replies in a much-troubled way:

> I want a little kindness. I know I'm a common ignorant girl, and you a book-learned gentleman; but I'm not dirt under your feet. What I done [*correcting herself*] what I did was not for the dresses and the taxis: I did it because we were pleasant together and I come-came-to care for you; not to want you to make love to me, and not forgetting the difference between us, but more friendly like. (106)

This argument about treatment is what Eliza tries to persuade Higgins to understand—to treat her in a friendly manner and to maintain the self-respect in front of him. Unfortunately, she fails because of Higgins' egoism.

Higgins' "emotional inadequacy" (Alexander 32) makes him unable to relate to Eliza as friendly as he gets along with male friends. In this sense, the best company of female to Higgins may be his mother, Mrs. Higgins. As Nigel Alexander points out: "He may be withdrawn and single-minded—but he does understand the modern world. The only gap in his knowledge is his lack of self-knowledge, and since he does not require the affection of his fellow human beings, that is not a great handicap" (32). In terms of his "lack of self-knowledge," Higgins has unwittingly made of her a splendid human being who is superior to her creator in feelings. More important, Higgins himself is a learning and living mirror to Eliza, who is no match for Higgins' caustic wit, but who learns from Higgins and evolves from ignorance, confusion, and illusion to knowledge, arrangement, and reality. Higgins is one of the greatest teachers in the world, "capable not only of educating the flower girl to be duchess but giving the duchess a freedom and an emotional independence greater than he himself possesses" (Alexander, in Bloom 34). Possessing her the knowledge she has gained, the freedom she has won, and the independence she has struggled for, Eliza, in the end of the play, betters her instruction and becomes a more flesh-and-blood human being than her creator.

Works Cited

Alexander, Nigel. "The Play of Ideas." In Bloom, 19-44.

Bentley, Eric. "A Personal Play." In Bloom, 11-8.

Berst, Charles A. "*Pygmalion*: A Potboiler as Art." In Bloom, 57-76.

Crompton, Louis. "Improving *Pygmalion*." In Bloom, 45-56.

Durbach, Errol. "*Pygmalion*: Myth and Anti-myth in the plays of Ibsen and Shaw." In Bloom, 87-98.

Bloom, Harold. *George Bernard Shaw's Pygmalion*. New York: Chelsea House Publishers, 1988.

Mugglestone, Lynda. "Shaw, Subjective Inequality, and the Social Meanings of Language in *Pygmalion*." *Review of English Studies*. 44 (1993): 373-85.

Shaw, Bernard. *Pygmalion*. Bookman: Taipei, 1982.

Women in *Herland*

盧淑薰
Shu-shiun Lu
人文及社會科學科講師

摘　要

社會運動家及理論家 Charlotte Perkins Gilman 之女性烏托邦寓言故事 *Herland*〈她鄉〉藉著三名男性訪客對"她鄉"的好奇所提出之問題來討論人類社會兩性之間存在的各種議題。本文旨在探討<她鄉>之女子在女人的國度中如何發揮智慧，展現"人類"的特質，以治理"她鄉"之經濟、教育、環保、人口規劃。

> "Birth, we know, of course; but what is *virgin*?" Terry looked uncomfortable, but Jeff met the question quite calmly. "Among mating animals, the term virgin is applied to the female who has not mated," he answered. "Oh, I see. And does it apply to the male also? Or is there a different term for him?" He passed this over rather hurriedly, saying that the same term would apply, but was seldom used. (45)

In *Herland*, written in 1915 and serialized in Gilman's monthly magazine, *The Forerunner*, Charlotte Perkins Gilaman depicts a fantasy world of "parthenogenetic women" (57) who can prove that the subordination of female sex is not necessary in human society. And she dramatizes the ecological and ethical superiority of pure female world and inferiority of male dominated world. Politics, education, and economics of matriarchy with efficient government system, rationality, and harmony can be better than those of patriarchy—the real world. In this feminist utopia of ideal society, sexual discrimination is eliminated, women can be freed from sexual hierarchy, and women's emancipation is eventually achieved.

Through eyes of three men who trespass on "her land" to see the female country and to see women in this place, gradually they let us clearly see the vision of a wonderland "that there was this strange country where no men lived-only women and girl children"(2). And the women in *Herland* are highly civilized, wise, and strong.

Entering the women country, the three men, Terry, Jeff and Vandyck (the narrator of the story) with imagination of women stereotype think they can carry enough weapons to protect themselves from men. They imagine there must be men in this orderly organized country. To all women they will encounter, they think they will be conquered easily and they always play the role to be protected and the role of weak and soft characters.

They just don't believe there is no man in such a civilized country. Naturally they have conversations several times as follows:

> "Only women there—and children," Jeff urged excitedly. "But they look—
> why, this is a civilized country!" I protested. "There must be men."

> "Of course there are men," said Terry. "Come on, let's find 'em." (11)

Mostly they doubt women's ability to rule a country and partly they can't figure out where the children come from if indeed there is no man. The characters of the women in *Herland*—a feminist utopia—are valuable to explore.

The women here are well organized to contribute themselves to their land and they build the land like a large park, utilize every inch of land ecologically. To their surprise, they exclaim: "I never saw a forest so petted, even in Germany" (13). All the plants are planned practically "[f]ood-bearing" (14) in a "truck farm"(14) to supply food by themselves. As a unit and a group, an ideal country is built as Gilman's feminist utopia:

> To them the country was a unit-it was theirs. They themselves were a unit,
> a conscious group; they thought in terms of the community. As such, their
> time-sense was not limited to the hopes and ambitions of an individual life.
> Therefore, they habitually considered and carried out plans for improv-

ment which might cover centuries. (79)

Women in this place are quite different from those they think. In men's point of view, they don't think women here are real women. They should "get out of this place and to get to where the real women are" (31). Those healthy, strongly organized, and "tall-standing" (27) women are called "The Colonels" (27)! Using the mouth of one of the three men, Vandyck, who is of the character of self-examination, Gilman says out that women in our male-dominated society are men-made women. And women here are lack of "feminine charms" to please men as he narrates:

> These women, whose essential distinction of motherhood was the dominant note of their whole culture, were strikingly deficient in what we call "femininity." This led me very promptly to the conviction that those "feminine charms" are so fond of are not feminine at all, but mere reflected masculinity—developed to please us because they had to please us, and in no way essential to the real fulfillment of their great process. (59)

"There was no accepted standard of what was 'manly' and what was 'womanly'"(92). So they are not womanly and are called "[m]orbid one-sided cripples" (142), "[s] exless, epicene, undeveloped neuters" (142) by Terry. Terry is a rude misogynist who never accept the idea that women can be as equal as men. Though he is trapped in the women country, he still has no ability to examine himself. The filthy languages that he comments on the women could be turned back to himself. And it is full of satires that Albinski analyzes:

> Although the Herlanders are neither aggressive nor nomadic, they are extremely agile and hardy, able to outrun and outclimb as well as outwit the three men who enter their country. (50)

Women's agility are emphasized again and again and it is also Gilman's pride to be agile on the gymnastic "travelling rings" (The Living 67).

They like Vandyke the best because he seems more like them. Is he more like a lot of women? Yes, the women in Herland are not "women" in the eyes of the three men. They are defined "people" by Somel (a Herland's woman) in her conversation with Vandyke:

> "We can quite see that we do not seem like—women—to you. Of course, in
> a bi-sexual race the distinctive feature of each sex must be intensified. But
> surely there are characteristics enough which belong to People, aren't they?
> That's what I mean about you being more like us—more like People. We
> feel at ease with you." (89)

They are biologically women, not socialogically. Then Vandyke can be a woman in
this sense.

So it's more likely to have people in *Herland*, not women. And the women in *Her-
land* are more likely to be people—the human beings. Vandyke depicts the society
he has seen:

> Never, anywhere before, had I seen women of precisely this quality. Fish-
> wives and market women might show similar strength, but it was coarse and
> heavy. These were merely athletic—light and powerful. College professors,
> teachers, writers—many women showed intelligence but often wore a stra-
> ined nervous look, while these were as calm as cows, for their evident intel-
> lect. (22)

Women are of traditional society's men's wisdom, generosity, bravery, and creativ-
ity and they are not always asked to be kind, timid, and obedient. All noble and
valuable characters as defined by patriarchical soiety belong to women here. In
Herland, Gilman suggests egalitarianism and elimination of the double standard of
morality. She hopes all women also can be as "calm, grave, wise, wholly unafraid,
evidently assured and determined" (19) as the women in *Herland* who are "in full
bloom of rosy health, erect, standing sure-footed and light as any pugilist"(20). And
all women as they get older they don't pass off the stage just like "these good ladies
were very much on the stage, and yet any of them might have been a grandmother"
(20). Women who are not still young, and charming can be seen everywhere with
vigor and hope. They will not lose everything because of losing their youth and bea-
uty.

Herlanders have disused sexuality for thousand years, and "had left very little of instinct" (92). Children--girls have no fathers and they were born by mothers only. The fantastic parthenogenesis, Vandyke tells them we call it "virgin birth" (45). "Parthenos" also means the Greek goddess to imply they are pure and high, not of the low insect life. And they offer a very good question as they wonder and ask:

> Of course we see, with our birds, that the father is as useful as the mother, almost. But among insects we find him of less importance, sometimes very little. Is it not so with you? (47)

Really, in our society, if fathers should be rebuked for reducing their importance to giving birth only?

They don't let their people face "the pressure of population" (68) and "struggle for existence" (68). They are very clear and strong thinker. They do with their best endeavors to support their people with standard of peace, comfort, health, beauty, and progress they demand. And they manipulate it well and say "[t]hat is all the people we will make" (68). They limit the quantity and guarantee the quality of people which are depicted by Vandyke:

> There you have it. You see, they were Mothers, not in our sense of helpless involuntary fecundity, forced to fill and overfill the land, every land, and then see their children suffer, sin, and die, fighting horribly with one another; but in the sense of Conscious makers of People. Mother-love with them was not a brute passion, a mere "instinct" a wholly personal feeling; it was—a religion. (68)
>
> There followed a period of "negative eugenics" which must have been an appalling sacrifice. We are commonly willing to "lay down our lives" for our country, but they had to forego motherhood for their country—and it was precisely the hardest thing for them to do. (69)

They effectually and permanently limit the population in numbers to furnish their People plenty of fullest and richest life of everything including room, air and solitude. And then they have worked to improve their population in quality for some fifteen hundred years. The society now is almost perfect:

Physiology, hygiene, sanitation, physical culture—all that line of work had been perfected long since. Sickness was almost wholly unknown among them, so much so that a previously high development in what we call the "science of medicine" had become practically a lost art. They were a clean-bred, vigorous lot, having the best of care, the most perfect living conditions always. (72)

It has been six hundred years since they have had what we call a "criminal". Because they make it their first business to train out and breed out the lowest types (82). If the girl shows her bad qualities, they appeal to her to renounce motherhood (82). And they only allow their highest artists to care for babies and educate children because they ponder education is their "highest art" (82) and "is entrusted only to the most fit" (83). Their children belong to the country. Mother is not bereaved of her baby.

But she is not the only one to care for it. There are others whom she knows to be wiser. She knows it because she has studied as they did, practiced as they did, and honors their real superiority. For the child's sake, she is glad to have for it this highest care. (83)

Herlanders are women to let men "love 'up', very high up, instead of down" (141). They are surprised that love between man and woman can be expressed without regard to motherhood. They know none of the creatures (animals) do that. They can't understand "the male creature whose desires quite ignore parentage and seek only for what we euphoniously term 'the joys of love'" (138). Vandyke is a man of the same quality with Herlanders and finally he has similar feeling of love. He delineates:

I found that loving "up" was a very good sensation after all...It was like—coming home to mother. ...of safety and yet freedom; of love that was always there, warm like sunshine in May, not hot like a stove or a featherbed-a love that didn't irritate and didn't smother. (142)

So love between men and women becomes to be feelings of siblings to fulfill a feminist utopia happily avoid the trap for "[the] critical awareness of women's subordinate position and of gender as a problematic category" (Felski 179). And Herland-ers create a utopia with "the most utopia project [which] demands the most radical and truly revolutionary transformation of society...in an extraordinary variety of ways"(Patai 151). The sublimation of love and virgin birth are really extraordinary ways.

Works Cited

Albinski, Nan Bowman. *Women's Utopias in British and American Fiction*. London: Routledge., 1988.

Felski, Rita. *Beyond Feminist Aesthetics: Feminist Literature and Social Change*. Cambridge: Harvard Up, 1989.

Gilman, Charlotte Perkins. *Herland*. 1915. New York: Pantheon Books P, 1979.

Gilman, Charlotte Perkins. *The Living of Charlotte Perkins Gilman*. New York: Arno, 1972.

Patai, Daphne. "British and American Utopias by Women", *Alternative Futures*,Vol. 4, 148-69.

國家圖書館出版品預行編目資料

人文與社會.一 / 人文與社會編委會編. -- 初版
. -- 臺北市：文史哲,民 90
　面 ；　公分
ISBN 957-549-405-8 (平裝)

073　　　　　　　　　　　　　　　　90022418

總　編　輯：劉仲冬
編輯委員：康家麗、董和銳、徐小梅
執行編輯：盧淑薰

人文與社會(一)

主　編　者：國防大學國防醫學會人文及社會科學科編委會
出　版　者：文　史　哲　出　版　社
登記證字號：行政院新聞局版臺業字五三三七號
發　行　人：彭　　　　正　　　　雄
發　行　所：文　史　哲　出　版　社
印　刷　者：文　史　哲　出　版　社
臺北市羅斯福路一段七十二巷四號
郵政劃撥帳號：一六一八〇一七五
電話 886-2-23511028・傳真 886-2-23965656

實價新臺幣二六〇元

中華民國九十年十二月初版